Alan Mason

DIE BERG
GEESTHA
EISENBA

GEDORF ACHTER- AHN

Sehr geehrter Leser,
lieber Freund der Bergedorf-Geesthachter Eisenbahn!

Vor Ihnen liegt die Geschichte der Bergedorf-Geesthachter Eisenbahn. Im Winter 1906 nahm die BGE ihren Betrieb nach dem damals noch zu Hamburg gehörenden Geesthacht auf.

Bewußt habe ich mich auf die Stammstrecke beschränkt, da diese immer die Basis für den gesamten Betrieb war. Daher werden die später hinzukommenden Nebenstrecken nur so weit erwähnt, wie sie die Geschichte der Stammstrecke beeinflussen.

Der Plan, eine Bahn nach Geesthacht zu erbauen, bestand, wie Sie sehen werden, bereits Mitte des 19. Jahrhunderts, aber ein halbes Jahrhundert sollte es noch dauern, bis er verwirklicht werden konnte.

Anfang der fünfziger Jahre wurde dann der Personenverkehr — gegen den erheblichen Widerstand der betroffenen Bevölkerung — wieder eingestellt. Noch heute wird über das Für und Wider dieser Entscheidung der zuständigen politischen Gremien diskutiert.

Ich möchte mich an dieser Stelle bei den vielen Archiven und Inhabern privater Sammlungen für die freundliche Unterstützung bedanken, bekam ich doch dort wertvolle Fotos und Unterlagen über die BGE. Mein besonderer Dank gilt Peter Bartels, Hermann Scharping und Axel Weber von der Arbeitsgemeinschaft Geesthachter Eisenbahn e. V., sowie Helmuth Hinze, Hamburg.
Ohne ihre umfangreiche Unterstützung wäre diese Chronik der BGE nicht möglich gewesen.
Herzlichen Dank auch den vielen BGEern, die mir mit ihren Erinnerungen aus ihrer aktiven BGE-Zeit ebenfalls sehr geholfen haben.

2053 Schwarzenbek; ISBN 3-921595-01-0
 1. Auflage Juni 1978
Gestaltung: Ricardo Viebranz, Schwarzenbek
Vorsatzpapiere: Alan Mason, Hamburg
Satz und Lithographie: Graphische Werkstatt
Herbert Kröger, Schwarzenbek
Druck: Fischer-Offset, Norderstedt

INHAI

Einleitung

Im Südosten von Hamburg liegen die Vier- und Marschlande (die zum Hamburger Stadtstaat gehören) und Geesthacht (das bis 1938 zu Hamburg gehörte), heute die größte Stadt des Kreises Herzogtum Lauenburg. Für dieses Gebiet war über Jahrzehnte hinweg die Bergedorf-Geesthachter-Eisenbahn *der* Verkehrsträger für den öffentlichen Personen- und Güterverkehr. Die BGE betrieb in der Zeit ihres Bestehens — abgesehen von den Autobuslinien, die hier nur am Rande gestreift werden können — vier verschiedene Eisenbahnstrecken (kurzfristig sogar fünf), die von ihrer Planung her die unterschiedlichsten Aufgaben hatten. Im Verkehrsaufkommen und in ihrer Bedeutung zeigten sie daher auch abweichende Ergebnisse.

Wichtigste Eisenbahnlinie blieb über Jahrzehnte hinweg die Stammstrecke von Bergedorf nach Geesthacht. Für eine Kleinbahn wohl einmalig waren ihre Bauten, Nebeneinrichtungen, technischen Anlagen und Verkehrsleistungen in ihrer besten Zeit.

Wesentlich weniger Bedeutung erlangte die zweite Strecke von Bergedorf nach Zollenspieker.

Von Anfang an hatte die dritte Strecke, die Hamburger Marschbahn, die nach dem Ersten Weltkrieg im Rahmen eines Notstandsprogrammes zur Arbeitsbeschaffung für die vielen Arbeitslosen erbaut wurde, die in sie gesetzten Erwartungen nicht erfüllt.

Die Billwerder Industriebahn, von vornherein als reine Zubringerbahn für die dortige Industrie geplant, erwies sich dagegen als sichere Einnahmequelle mit auch heute noch umfangreichem Verkehrsaufkommen (reiner Güterverkehr).

Kurzfristig betrieb die BGE dann seit September 1953 noch die Verkehrsbetriebe des Kreises Stormarn auf der Reststrecke bis Glinde, bis der Eisenbahnbetrieb der BGE im Januar 1956 von der AKN (Eisenbahngesellschaft Altona-Kaltenkirchen-Neumünster) übernommen wurde.

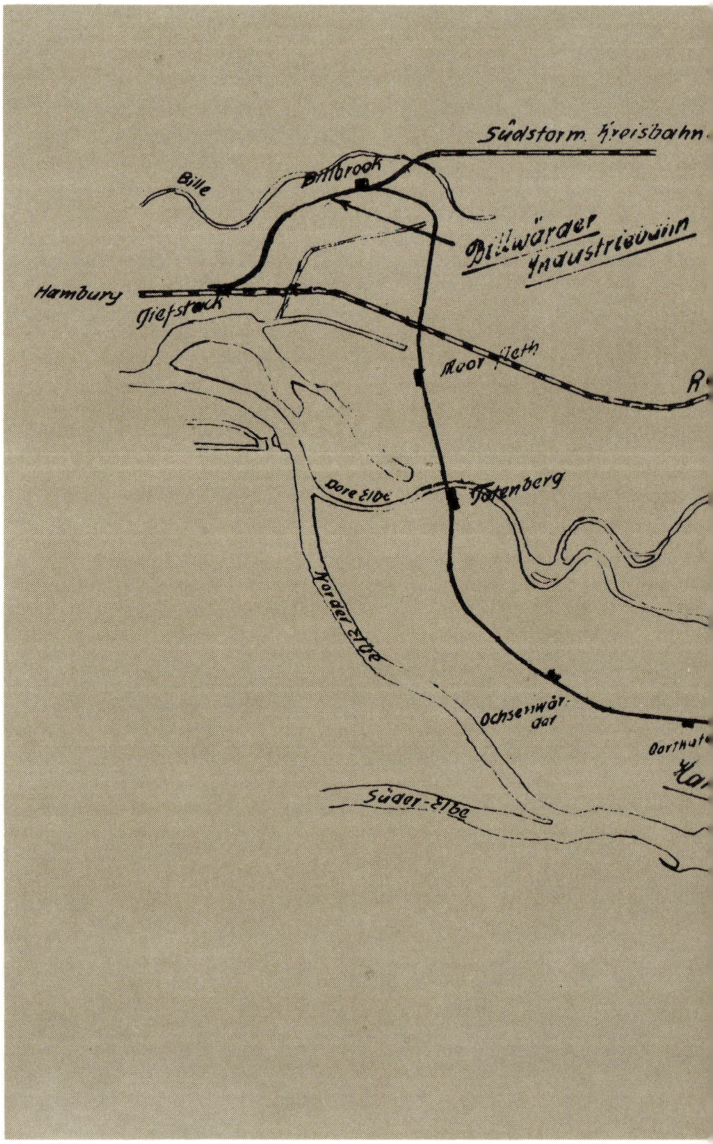

Gleisplan der Bergedorf-Geesthachter-Eisenbahn ca. 1948.

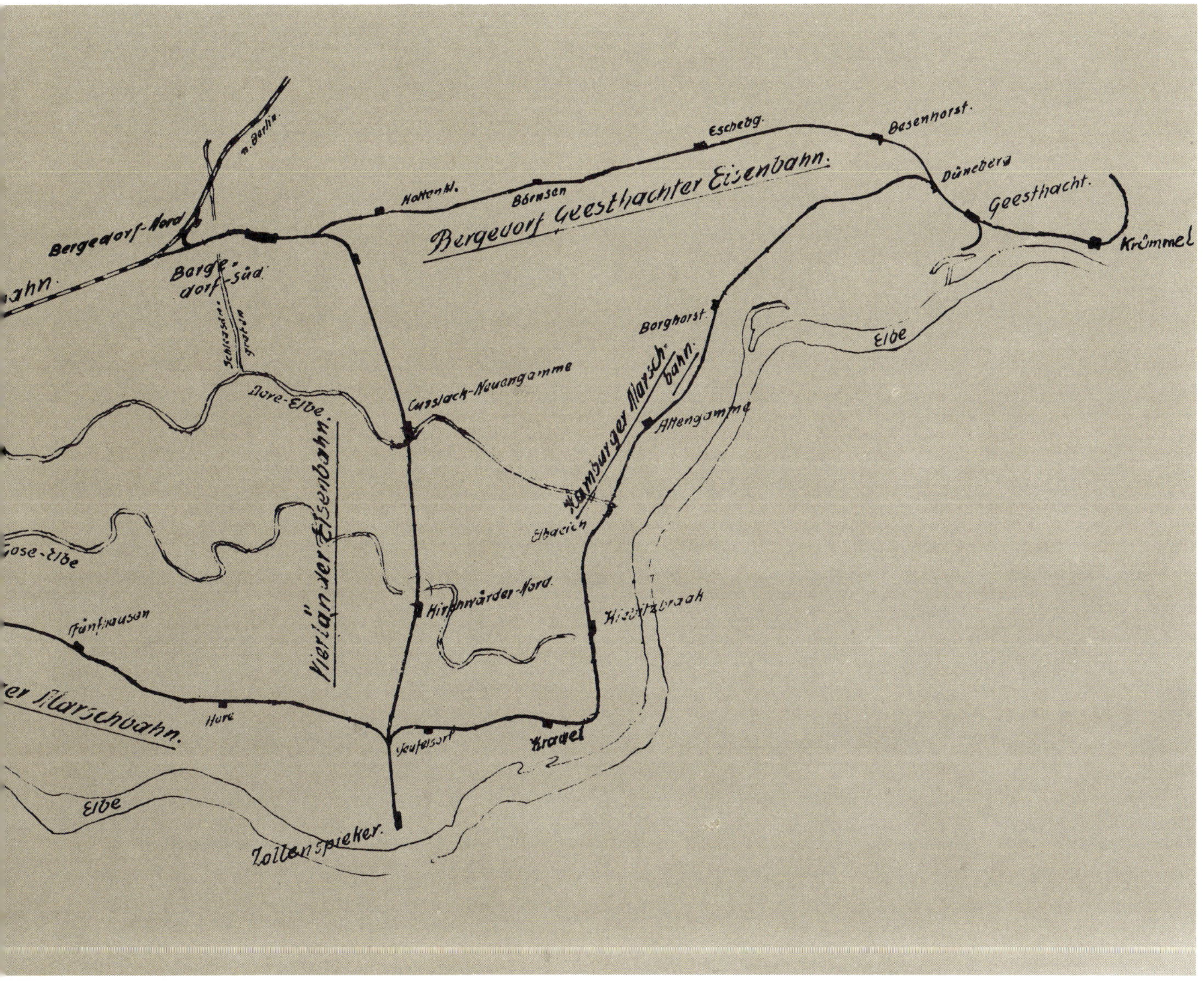

Unser Bild zeigt
den ersten Bahnhof in Bergedorf, der 1842
von der Hamburg-Bergedorfer Eisenbahn
eröffnet wurde. Dieses Gebäude ist das frühere Kassenhaus.
Es steht heute noch am Neuen Weg in Bergedorf
in unmittelbarer Nähe des Bahnhofes Bergedorf-Süd der
Bergedorf-Geesthachter Eisenbahn und ist
Deutschlands ältestes erhaltenes
Bahnhofsgebäude.

Erste Ideen für die Eisenbahn nach Geesthacht

Wenn man die Entwicklung der Eisenbahnstrecken heute zurückverfolgt, kann man ohne Übertreibung behaupten, daß Geesthacht in der Planung einer eigenen Eisenbahnverbindung eine ausgesprochen unglückliche Hand hatte. An Beispielen läßt sich beweisen, daß der Eisenbahnanschluß vielen Städten im 19. Jahrhundert in wirtschaftlicher Hinsicht einen ungeheuren Aufschwung brachte.
Geesthacht aber blieb vorerst am Rande liegen. Als Hamburg 1842 — im norddeutschen Raum erstmals — seine Eisenbahn nach Bergedorf eröffnete und den derzeitigen Endbahnhof erbaute, plante es eine Weiterführung der Eisenbahnlinie über Geesthacht, Lauenburg und Magdeburg nach Berlin.
Bei Realisierung dieses ursprünglichen Planes hätte sich wahrscheinlich das Stadtbild Bergedorfs in eine völlig andere Richtung entwickelt, da der damalige Endbahnhof am Neuen Weg lag und die Bahnstrecke bei der Weiterführung im Süden des Bergedorfer Stadtgebietes verlaufen wäre. Der Neue Weg wäre dann wahrscheinlich die Hauptgeschäftsstraße in Bergedorf geworden.
Der damalige Endbahnhof der Hamburg-Bergedorfer-Eisenbahn ist jetzt noch am Neuen Weg als ältestes erhaltenes Bahnhofsgebäude Deutschlands zu sehen.
In Geesthacht jedoch war ein erheblicher Widerstand gegen eine Bahnverbindung entbrannt. Zu der Lage dort schrieb ein Berichterstatter seinerzeit (In Klammern = Anmerkungen des Verfassers):
»Damals – es war im Jahre 1843, und Geesthacht stand unter der Regierung des Vogts Franz Erdmann Meyer – sollte die Hamburg-Bergedorfer »Dampfbahn«, eine der ersten Deutschlands, weitergeführt werden. Man hatte dabei natürlich daran gedacht, den nächsten Weg über Geesthacht und weiter am Elbufer entlang nach Lauenburg und Boizenburg zu wählen und zunächst nicht jenen unsinnigen Umweg über Schwarzenbek und Büchen ins Auge gefaßt. Es waren zwei Linien ausgesteckt. Die eine führte dicht an der Geesthachter Kirche vorbei, um an der Elbe weitergeführt zu werden, die andere war hinter der alten Landstraße in Geesthacht abgesteckt. Aber es kommt oft anders, als die Klugen dieser Welt es denken. Denn als die Herren Schiffer und Fuhrleute von Geesthacht hörten, daß eine »Dampfbahn« durch ihren Ort gelegt werden sollte, da waren sie der Ansicht: wo solche Teufelskünste walten, da müsse jeder ehrliche Broterwerb zugrunde gehen, und sie beschlossen, sich ihrer Haut zu wehren. Nun war es aber die Zeit, wo in Deutschland Revolutionsstimmung in der Luft lag. Was war also zeitgemäßer, als den Willen des souveränen Volkes gegen verblendete Machthaber in Gestalt einer Revolution durchzusetzen? Die Schiffer und Fuhrleute rotteten sich zusammen, und ein eigens für solche Zwecke gedichtetes Lied war schnell vorhanden:

»Wer hat denn nur den Dampf erdacht,
die Fuhrleut' um ihr Brot gebracht usw.«

So, von feuriger Begeisterung für ihr Recht getragen und bewaffnet mit allerlei bedrohlichen Werkzeugen, zogen sie vor das Haus des Dorfgewaltigen. Laut schreiend forderten sie, daß er gegen die geplante Eisenbahn Stellung nehmen solle. Auf seine Vorstellungen, daß Geesthacht bei einer Verbindung von Hamburg und Berlin großen Vorteil haben werde, antworteten sie geringschätzig: »Du, de Hambörger kennt wi all, un de Berliners wöllt wi gornich kennen; wenn de na Hamburg hendal wöllt, denn könnt se hen schippern, dat geit mit dem Strom.«
Solchen einsichtsvollen Meinungsäußerungen konnte sich der Herr Vogt natürlich nicht verschließen, und als er am Abend dieses Tages zur Nachtruhe die Schlafmütze über die Ohren zog, tat er es mit dem Hochgefühl eines guten Regenten, der den Willen seines Volkes erfüllt hat und darum ein Anrecht hat auf öffentliche Belobigung in den Zeitungen und auf ein dreifaches »Hurra« bei patriotischen Kommersen.
Das souveräne Volk der Herren Schiffer und Fuhrleute aus Geesthacht aber durfte stolz sein auf den Erfolg seiner Revolution. Sie hatten nicht nur, wie das bei Revolutionen üblich ist, sich selbst um den reichlicheren Ver-

Ausschnitt aus dem ersten noch erhaltenen Plan der Firma Bachstein, in dem diese die Lage des Geesthachter Bahnhofes am Hafen vorsah, um ebenfalls über Ziegenkrug, Gülzow und Lauenburg eine Fortsetzung der Strecke zu ermöglichen.

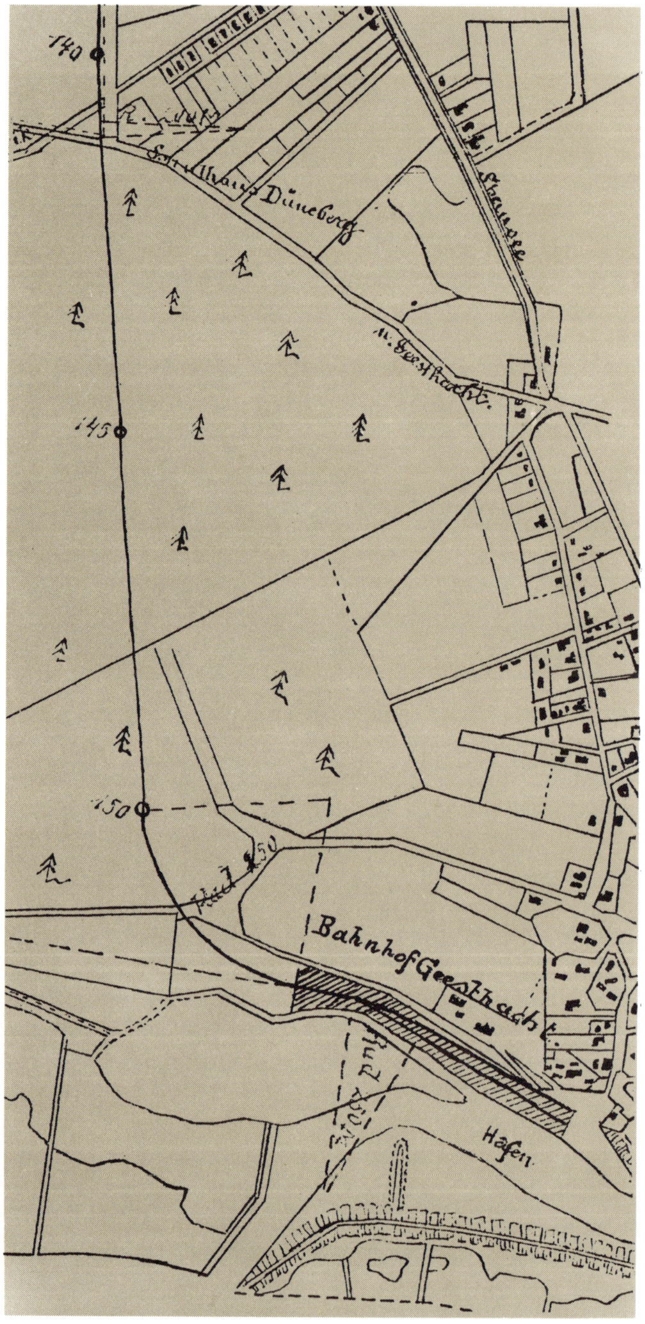

dienst gebracht, den ihnen die Bahn wahrscheinlich sehr bald zugeführt hätte, sondern auch ihren Heimatort um 60 Jahre in der Entwicklung zurückgehalten. Ihre Kinder und Kindeskinder wurden gezwungen, sich zum Verkehr mit der Außenwelt der unbequemen Transportmittel zu bedienen; sie hatten sich und ihre Mitbürger um den Wohlstand betrogen, den sie bei raschem Aufblühen des Ortes aus dem Verkauf von Grund und Boden erworben hätten. Sie hatten ihre Nachkommen genötigt, 63 Jahre später erhebliche Summen für die Anschaffung einer Bahn aufzuwenden, die man damals umsonst und besser haben konnte. Heutzutage (1906) hätte wohl die Landherrenschaft eingegriffen und die Sache erledigt. Damals aber war Geesthacht beiderstädtisch, und von den Hohen Senaten der Städte Hamburg und Lübeck wollte wohl keiner dem anderen den Rang ablaufen in der städtischen Fürsorge für die Zukunft des gemeinsamen Stiefkindes da unten im Elbsand. Man nahm es mit der Freiheit der Selbstverwaltung des Landgebietes eben sehr ernst.
In Schwarzenbek lag die Sache anders. Da gab nicht die Weisheit eines hochzuverehrenden Publikums den Ausschlag, sondern ein weitblickender und energischer Mann, der damalige dortige Amtmann, nahm tatkräftig die Angelegenheit in die Hand, bewirkte, daß man zum Bahnbau das ganze erforderliche Land, namentlich im Sachsenwald, unentgeltlich hergab, und wußte so die Bahngesellschaft zu bewegen, die Bahn auf dem Umwege über Schwarzenbek und Büchen nach Boizenburg zu führen. Dabei kam es zu dem Kuriosum, daß Lauenburg als Ersatz dafür, daß es nun nicht von der Bahn berührt wurde, für seine Bewohner freie Fahrt (auf der Lauenburg-Büchener Eisenbahnstrecke, die als Ersatz gebaut wurde) bis Büchen zugesagt erhielt, vorausgesetzt, daß sie über diese Station hinausfahren wollten.«

Der Bahnhof in Bergedorf wurde also an seinen heutigen Standort verlegt, die Eisenbahn über Schwarzenbek/Büchen geführt, und Geesthacht blieb weiterhin ohne moderne Verbindung mit Hamburg. Den Geesthachtern blieb nach wie vor der anstrengende Landweg oder der zeitraubende Wasserweg nach Hamburg. Der moderne Handelsweg, die Eisenbahn, führte an Geesthacht vorbei. Erst 1885 schlug der damalige Senator Godefroy aus Hamburg erneut eine Bahnverbindung mit Geesthacht vor. Es blieb jedoch nur ein Vorschlag. Den gleichen Erfolg hatte ein »Comité« aus wichtigen Bürgern der Städte Geesthacht und Bergedorf, das 1888 den Plan einer Eisenbahn von Bergedorf nach Geesthacht erneut erarbeitete. Man hatte aber die Wichtigkeit einer modernen Verkehrsverbindung noch nicht erkannt. Da das nötige Kapital nicht zusammen kam, blieb es auch hier beim Plan.

Die Eisenbahnpläne werden konkreter

Am 5. Februar 1896 beantragte die Vereinigte Eisenbahnbau- und Betriebs-Gesellschaft, Berlin W, beim Senat in Hamburg, die Planungen für eine Eisenbahn von Bergedorf nach Geesthacht vornehmen »zu dürfen«. Ein Bericht eines Herrn Dr. A. Schuback bestätigte im selben Jahr die voraussichtliche Wirtschaftlichkeit dieser Eisenbahnverbindung, die den Hamburgern die Erholungsmöglichkeiten in Geesthacht erschließen sollte, andererseits aber auch den Geesthachtern und ihrer aufstrebenden Industrie die moderne Anbindung an Hamburg bringen würde. Aber auch dieser Plan kam noch nicht zur Ausführung. Geesthacht hatte zu dieser Zeit rund 4000 Einwohner, Tesperhude etwa 600. Auch die mit Geesthacht durch eine Fähre verbundenen Ortschaften Niedermarschacht, Obermarschacht, Schwinde, Stove und Tespe hatten bereits zusammen rund 1800 Einwohner, Escheburg etwa 370. Zum Einzugsgebiet der Eisenbahn von Bergedorf nach Geesthacht würden auch die Orte Gülzow, Hohenhorn, Rönne, Düneberg, Altengamme, Besenhorst, Börnsen, Fahrendorf, Wiershop, Kollow und Dassendorf gehören, die immerhin zusammen rund 4500 Einwohner verzeichneten. Das war eine Basis für den zu erwartenden Personenverkehr.
Erst am 1. Februar 1899 wurde der Antrag für einen Eisenbahnbau von Bergedorf nach Geesthacht gestellt. Die bereits genannte Vereinigte Eisenbahnbau- und Betriebs-Gesellschaft zu Berlin hatte ihre Pläne soweit erstellen können. Sie errechnete für den Bahnbau Kosten von 1.400.000 M, wobei davon ausgegangen wurde, daß der hamburgische Staat die benötigten Grundstücke zur Verfügung stellt.
In Geesthacht war der Bau des Bahnhofes am Hafen vorgesehen, um einen leichten Übergang der Güter mit der Elbschiffahrt zu ermöglichen. Ebenfalls wollte man sich durch diese Lage nicht eine eventuelle Weiterführung der Bahn nach Lauenburg verbauen. Man plante bereits die Verlängerung über Ziegenkrug und Gülzow nach Lauenburg und wollte die Fortführung am kostenintensiven Steilufer direkt an der Elbe entlang umgehen. Diese Firma beantragte den Bau »einer vollspurigen Eisenbahn untergeordneter Bedeutung von Bergedorf nach Geesthacht«.
Am 8. März 1899 ging bei der Senatskommission für Eisenbahnen in Hamburg ein Schreiben des hamburgischen Rechtsanwaltes Dr. Möring ein. Danach sollte er im Auftrag der Frankfurter-Aktiengesellschaft für Bahn-Bau und -Betrieb einen Antrag stellen, um eine Bahn von Bergedorf nach Geesthacht »bauen zu können«. Da die vorgenannte Firma aus Berlin jedoch Vorrang hatte, mußte Dr. Möring vorläufig erst einmal abwarten.
Am 6. Juli 1901 jedoch teilte die Vereinigte-Eisenbahnbau- und -Betriebs-Gesellschaft dem Hamburger Senat mit, daß sie die Pläne für eine Bahn von Bergedorf nach Geesthacht nicht weiterverfolge, sondern diese der Firma Bachstein in Berlin übergeben habe, die weitere Vorarbeiten und die Erbauung leisten wolle. Bachstein übernahm die bisher erstellten Pläne ohne wesentliche Änderung.
Auch der Königlich Preußische Minister für öffentliche Arbeiten in Berlin W 66, Wilhelmstraße 74, hatte mit Schreiben vom 9. September 1901 an den hamburgischen Senat keine Bedenken mehr gegen den Bau der Bahn geäußert, die ja zum Teil über preußisches Gebiet führen sollte. Er teilte Herrn Syndikus Dr. Diestel von der Finanzdeputation in Hamburg mit, daß »keine Bedenken gegen den Bau der Bahn erhoben werden, soweit sie auf preußischem Gebiet liegt, wenn die Finanzierung gesichert ist«.
Am 14. März 1902 jedoch verzichtet die Firma Bachstein auf den Bau der Bahn, weil sie keine Beteiligung der beiden Geesthachter Pulverfabriken, Düneberg und Krümmel, erreichen konnte. Auch der Grunderwerb hatte sich für diese Firma als zu schwierig erwiesen.
Wieder einmal war eine Eisenbahnverbindung von Bergedorf nach Geesthacht in weite Ferne gerückt.

Endlich ein Plan, der zum Erfolg führt

Glücklicherweise gab es aber immer noch Eisenbahnbauer, die die Idee, eine Eisenbahnverbindung zwischen Bergedorf und Geesthacht zu schaffen, weiter verfolgten. Jetzt endlich kamen der vorgenannte Rechtsanwalt Dr. Möring und sein Partner Bruntsch aus Hamburg zum Zuge. Sie hatten sich bereits die Mitarbeit eines Ingenieurs mit Namen C. O. Gleim gesichert, der die BGE entscheidend prägen sollte.

Am 9. Oktober 1902 schrieben sie einen Brief an den Senatssyndikus Dr. A. F. G. Diestel, Hamburg, in dem es u. a. heißt:

»...Herr Gleim (der sich seit etwa drei Jahren mit dem Bau dieser Eisenbahn befaßte) ist, nachdem er die Sache bearbeitet, zu der Überzeugung gekommen, daß für das Bahnunternehmen Bergedorf-Geesthacht die Kreuzung der Hamburg-Berliner Bahn und die Fortführung über Billwärder nach Hamburg »geradezu vital« ist. Er hat auch bereits einen Plan gefaßt, von dessen praktischer Durchführbarkeit er überzeugt ist,...«

Am 18. Oktober 1902 erbringt Gleim in Form eines Gutachtens die Vorschläge für den Bau der Bahn nach Geesthacht.

Er schlägt erneut die Gründung eines »Comités« für den Bahnbau vor und empfiehlt die Weiterverfolgung der bisher bestehenden Pläne von Bachstein. Hierauf bildet sich ein »Comitee« zur Erbauung einer Eisenbahn von Bergedorf nach Geesthacht«, das am 8. April 1903 seine erste Sitzung abhält, zu der die Herren Edmund Siemers, F. A. Riege, Dr. Melchior, Fabrikdirektor E. Knight (Krümmel), Hauptmann von Oven (Düneberg), Gemeindevorsteher Krüger (Geesthacht), Bürgermeister Dr. Lange (Bergedorf), Rud. Sieverts (Bergedorf), Ing. C. O. Gleim und Dr. Möring anwesend waren. Es beauftragte am 29. Mai 1903 C. O. Gleim nunmehr, die endgültigen Planungen aufzunehmen. Gleichzeitig beauftragte es einen neutralen Sachverständigen, ein Gutachten über die geplante Eisenbahn von Bergedorf nach Geesthacht zu erstellen.

Dieser Sachverständige, Regierungsrat a. D. Kemmann aus Berlin-Grunewald, schrieb in seinem »Gutachten über die Wirtschaftlichkeit der Kleinbahn von Bergedorf nach Geesthacht« vom 19. Februar 1904 unter anderem:

»Nach Maßgabe des von Herrn Ingenieur C. O. Gleim aufgestellten Bahnentwurfes lege ich nach Mitteilung des Herrn Gleim als Baukapital den Betrag von 1.100.000 M. zugrunde, wobei zu bemerken ist, daß die Länge der Bahn einschließlich des Geesthachter Hafenanschlußes 15,5 km beträgt. Durch Einführung einer Abkürzungskurve bei Bergedorf ergibt sich die Fahrtlänge für den Personenbetrieb zwischen dem Anschlußbahnhof Bergedorf und dem Bahnhof Geesthacht zu 14,05 km. Bezüglich der Beschaffung des Kapitals ist nach dem Stande der Verhandlungen damit zu rechnen, daß der Staat Hamburg, die Stadt Bergedorf und die Gemeinde Geesthacht sowie die Fabriken Krümmel und Düneberg sich an der Übernahme von Stammaktien in so erheblichem Maße beteiligen

Schreiben des Regierungs-Präsidenten an die Königliche Eisenbahn Direktion in Altona vom 11. August 1904.

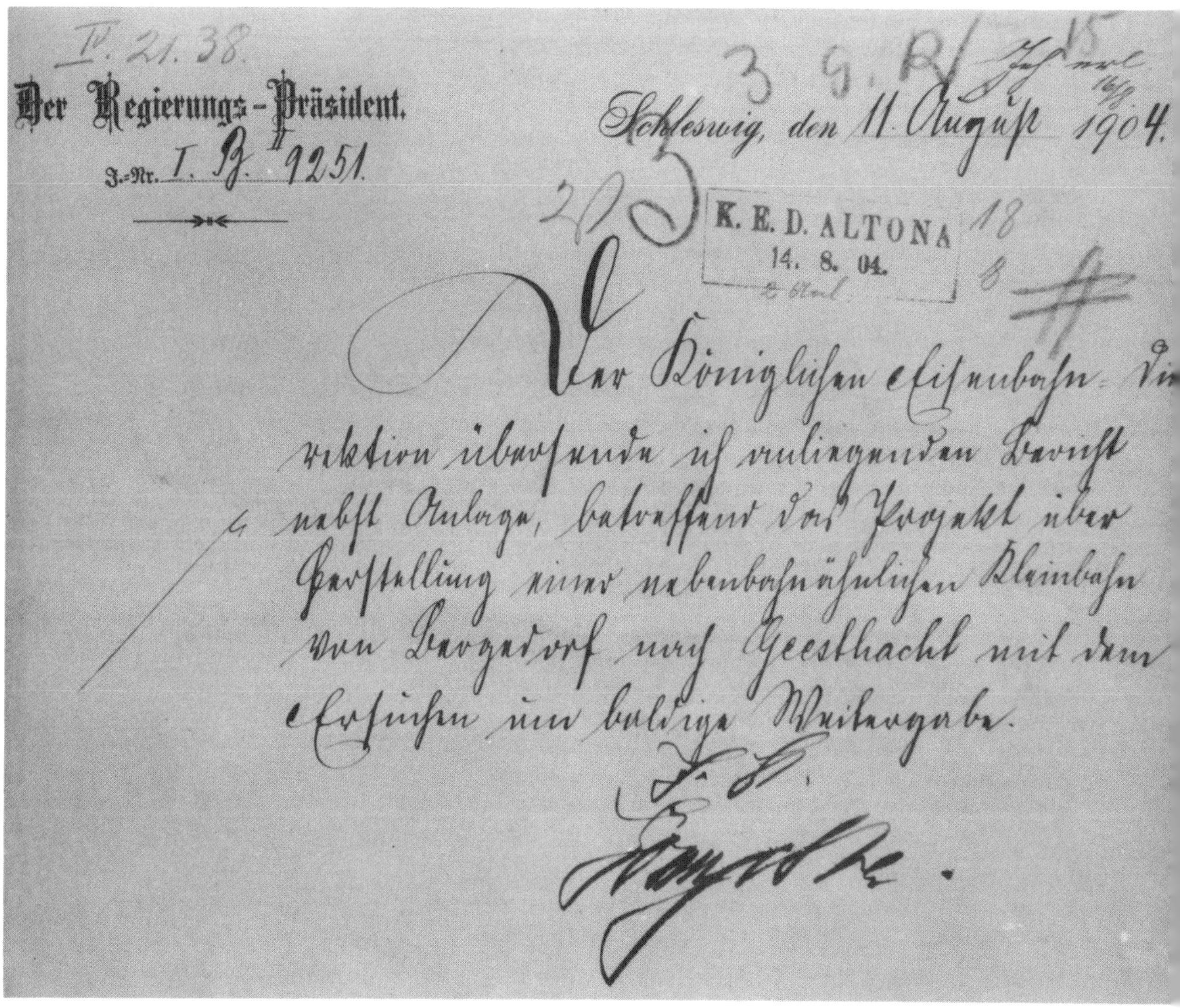

Der Regierungs-Präsident.

J.-Nr. I. Bj. II 9251.

Schleswig, den 11. August 1904.

K. E. D. ALTONA 14. 8. 04.

Der Königlichen Eisenbahn-Direktion übersende ich anliegenden Bericht nebst Anlage, betreffend das Projekt über Herstellung einer nebenbahnähnlichen Kleinbahn von Bergedorf nach Geesthacht mit dem Ersuchen um baldige Weitergabe.

I. V.

werden, daß die Beschaffung der Hälfte des Kapitals auf Stammaktien in Aussicht genommen werden kann. Für die andere Hälfte dürften alsdann, wie ich annehme, Vorzugsaktien ausgegeben werden, die entweder bis zu 5 % Zinsen vorweg erhalten oder, was mir zweckmäßiger erscheint, bereits von 4 % ab die Stammaktien an dem weiteren Ergebnis teilnehmen lassen. Im letzteren Falle bliebe auch das Interesse der bevorzugten Aktionäre länger und nachhaltiger auf die innere wirtschaftliche Entwicklung des Unternehmens gerichtet.
Geesthacht hat durch die Hamburg-Lauenburger Dampfboote in der besseren Jahreszeit mit Hamburg täglich mindestens 7 Verbindungen zu Berg und ebenso viele zu Tal. Aber mit der Bahn wird man von Hamburg bereits in einer Stunde nach Geesthacht gelangen, während mit dem Schiff Geesthacht erst in 3 Stunden erreicht wird; zu Tal ist die Dampferfahrt nicht viel kürzer. Der gewöhnliche Verkehr wird sich also vollständig der neuen Bahn zuwenden, sofern diese für genügend häufige Fahrgelegenheiten sorgt.
Es ist zu erwarten, daß die reizvolle landschaftliche Umgebung der neuen Bahn auf die Hamburger Bevölkerung eine mit der Zeit immer stärker werdende Anziehung ausüben wird. Wohlhabendere Hamburger werden es zweckmäßig finden, sich im Gebiete der neuen Bahn Sommerfrischen und Villeggiaturen einzurichten, wo sie den besseren Teil des Jahres verbringen, und von wo aus sie ihren Hamburger Geschäften nachgehen können. Der

Dr. Ing. C. O. Gleim,
der Erbauer und erste Direktor der
Bergedorf-Geesthachter-Eisenbahn.
Nach der Betriebseröffnung der BGE war er maßgeblich
am Bau der ersten Hamburger U-Bahn beteiligt.
Geboren am 19. 1. 1843. Verstorben
am 1. 11. 1920.

Bezirk der neuen Bahn dürfte sich dementsprechend allmählich zu einem Vorortgebiet für Hamburg auswachsen. Außer dem Verkehr der im Gebiet der Bahn dauernd oder vorübergehend Ansässigen ist aus den schon angegebenen Gründen ferner auf einen Ausflugsverkehr zu rechnen, der die von der Bahn selbst berührten Landschaften aufsuchen und sich bis in die Waldungen jenseits Geesthachts bis nach Tesperhude, das jetzt schon in Käses Hotel Waldesruh über einen beliebten Sommerausflugspunkt verfügt, erstrecken wird. Voraussetzung für eine starke Verkehrsentwicklung ist, daß häufige und bequeme Verbindungen zwischen Bergedorf und Geesthacht mit zweckmäßigen Staatsbahnanschlüssen eingerichtet werden.

Güterverkehr: Es ist der Verkehr von Stückgut und Wagenladungsgut in Rechnung zu ziehen. Bei der Veranschlagung des Stückgutverkehrs ist auch auf Versorgungsmittel der Hamburger Bevölkerung, Milch und andere Viehprodukte, Gemüse und dergleichen, auch Blumen zu rechnen. ...Endlich wird ein lebhafter Austausch von Gütern zu erwarten sein mit den im Bereiche der Bahn befindlichen gewerblichen Anlagen. Die wichtigsten dieser gewerblichen Unternehmungen sind:

a) die Dampfziegelei Bergedorf,
b) die Waldbrauerei Börnsen,
c) die Pulverfabrik Düneberg bei Geesthacht,
d) die Glasfabrik in Geesthacht,
e) die Dynamitfabrik Krümmel.

In Geesthacht selbst bestehen ferner 3 Braunkohlenhandlungen, deren Geschäfte sich beim Hinzutritt der neuen Bahn zweifellos ausdehnen werden. Dieselben beziehen z. Z. die Braunkohle auf dem Wasserwege aus Böhmen und würden sie über die neue Bahn auch über Bergedorf hinaus gehen lassen, da die Oberländer Kähne Bergedorf nicht erreichen können. Ferner sind in Geesthacht verschiedene Weidenhandlungen, Korbflechtereien, eine Kistenfabrik, eine Dampfmühle und dergl. vorhanden...
Des weiteren ist zu erwähnen, daß die neue Bahn in Bergedorf die Vermittlung des Wagenladungsverkehrs zwischen einer Zahl von Fabriken und der Staatsbahn zu bewerkstelligen in der Lage ist.

Regierungsrat a. D. Kemmann, Berlin, bestätigte die Wirtschaftlichkeit und die Erforderlichkeit der Bahn und errechnete eine Zuwachsrate von 5,8 % pro Jahr. Nachdem diese positiven Erwartungen auch von anderer Seite bestätigt wurden, ging man nun daran, das erforderliche Kapital zu beschaffen.

Bereits am 14. Mai 1904 sah die Bilanz so aus: Geesthacht hatte 210.000 M gezeichnet. Besenhorst zeichnete 5 Vorzugsaktien, verlangte aber für rund 5.000 M (Kosten für die BGE) die Einrichtung einer Verladestelle. Diese Zeichnung wurde später nicht realisiert. Escheburg wollte 5 Stamm- und 10 Vorzugsaktien zeichnen. Die Gemeinde Börnsen zeichnete 3 Stamm- und 4 Vorzugsaktien, außerdem zeichnete Herr Zieseniss von der Waldbrauerei Börnsen für 30.000 M Stammaktien. In Bergedorf zeich-

neten jeweils 10.000 M die Firma H. G. Behr (Holzhandlung), Frau A. Bruntsch Wwe. und Herr Preiss (Prokurist bei der Firma Sieverts). Durch die ständigen Bemühungen von Dr. Möring konnte in dieser kurzen Zeit ein Teil des erforderlichen Kapitals beschafft werden, zumal in Hamburg die Aussicht bestand, Beteiligungen in Höhe von 104.000 M zu erhalten. Außerdem zeigten die Anwohner am Geesthacht gegenüberliegendem Elbufer Interesse. Die Verhandlungen mit den beiden Pulverfabriken (Geesthacht/Krümmel) verliefen ebenso erfolgversprechend.
Von seiner Sicht aus konnte Dr. Möring am 22. Juni 1904 die Finanzierung der Bahn als gesichert ansehen. Am 29. August 1904 bestätigte die Stadt Bergedorf durch Magistrat und Bürgervertretung den Betrag von 50.000 M zur Übernahme von Stammaktien. Somit konnte am 30. September 1904 für das preußische Gebiet beim Kreistag des Herzogtums Lauenburg der Antrag auf Genehmigung der Bahn gestellt werden.
Am 5. Oktober 1904 berichtete Senats-Syndikus Diestel, daß
»*vorbehaltlich der Zustimmung der Bürgerschaft (in Hamburg) eine staatsseitige Beteiligung an dem Bahnunternehmen durch Übernahme von 200.000 M in Aussicht gestellt wird.*«
Daher wurde an diesem Tag eine Mitteilung an den Minister für öffentliche Arbeiten zu Berlin erteilt, in der es u. a. heißt: »*..., daß das eingesetzte Komitee zur Planung der Eisenbahn von Bergedorf nach Geesthacht unter Vorsitz von Edmund Siemers (diese) soweit gefördert hat, daß mit einem Zustandekommen (der Finanzierung) mit Sicherheit gerechnet werden kann. Es soll eine Aktiengesellschaft mit einem Kapital von 1.100.000 M (je 1/2 Vorzugs- und Stammaktien) gegründet werden.*«
So ist dann die Bahn mit dem Gelde der interessierten Gemeinden, vorwiegend aber mit dem aus hamburgischem Gebiet stammenden Kapital (Geesthacht gehört damals noch zu Hamburg) gebaut worden.

Es übernahmen endgültig:

Stammaktien	
Der Hamburgische Staat	200.000 M
Geesthacht	126.000 M
Düneberg	60.000 M
Krümmel	60.000 M
Bergedorf	50.000 M
Börnsen, Escheburg	25.000 M
Krs. Hzgt. Lauenburg	12.000 M
Private	17.000 M
	550.000 M

Vorzugsaktien	
Die Gemeinde Geesthacht	30.000 M
Privatzeichnungen dort	234.000 M
Düneberg	60.000 M
Krümmel	60.000 M
Privatzeichnungen in Hamburg, Bergedorf und im Krs. Hzgt. Lauenburg	166.000 M
	550.000 M

Am 22. Februar 1905 genehmigte Preußen für sein Gebiet den Bau der Bergedorf-Geesthachter-Eisenbahn.
Der Staat und die Gemeinden stellten den größten Teil des benötigten Grundes zur Verfügung. Käuflich erworben werden mußten zwei Privatgrundstücke am geplanten Bergedorfer Übergabebahnhof und die benötigten Grundflächen der Gemeinde Curslack. Ferner zwei Grundstücke an der Holtenklinke sowie Bismarck'sche Grundstücke.

Die BGE wird gegründet, der Bau beginnt

Nach weiteren Vorarbeiten und der Beseitigung der letzten Schwierigkeiten wurde am 31. August 1905 die Bergedorf-Geesthachter-Eisenbahn AG gegründet, die unverzüglich mit dem Bau der Bahn anfing.
Die Eintragung der BGE ins Handelsregister zu Hamburg wurde am 13. September 1905 vorgenommen. Am 15. Oktober 1905 erfolgte die erforderliche Veröffentlichung im Öffentlichen Anzeiger (Nr. 217) zu Hamburg, hier auszugsweise wiedergegeben:
»Der Gesellschaftsvertrag ist am 31. August 1905 festgestellt worden. Grundkapital 1.100.000 M, 1. Vorstand Carl Otto Gleim.
Gründer der Aktiengesellschaft sind:
1. Edmund Julius Arnold Siemers, Kaufmann, Hamburg
2. Anton Heinrich Erdmann Piep, Gemeindevorsteher zu Geesthacht
3. Friedrich August Riege, Hamburg
4. Emil Knight, Direktor, Krümmel
5. Carl Ernst Friedrich von Oven, Direktor, Düneberg
6. Dr. Guido Möring, Rechtsanwalt, Hamburg
7. Rudolf Carl Wilhelm Alexander Sieverts, Kaufmann, Hamburg
Der 1. Aufsichtsrat besteht aus:
1. Edm. Siemers
2. Rud. Sieverts
3. Dr. Möring
4. Dr. Carl Joseph Melchior, Rechtsanwalt, Hamburg
5. F. A. Riege
6. A. H. E. Piep
7. Dr. Hans Martin Dorotheus Lange, Bürgermeister, Bergedorf
8. Friedrich August Otto Karl von Bülow, Landrat, Kiel.«

Bereits am 4. November 1905 erfolgte die Veröffentlichung der Genehmigung der Bergedorf-Geesthachter-Eisenbahn im Amtsblatt der Königlichen Regierung zu Schleswig. Die wichtigsten Bestimmungen und Auflagen hieraus seien hier wiedergegeben:
»Genehmigung für die Bergedorf-Geesthachter Eisenbahn-Aktien-Gesellschaft zum Bau und Betriebe einer Kleinbahn von Bergedorf nach Geesthacht.
. . .
Der Bergedorf-Geesthachter Eisenbahn-Aktien-Gesellschaft in Hamburg, eingetragen im Handelsregister der Stadt Hamburg, wird zur Herstellung und zum Betriebe einer Kleinbahn von Bergedorf nach Geesthacht mit Anschlüssen an die Staatsbahn in Bergedorf und an den Elbhafen in Geesthacht,... unter nachstehenden Bedingungen hierdurch die Genehmigung auf 99 Jahre vom Tage der Betriebseröffnung ab erteilt.
. . .
§ 2. Die Bahn ist eine nebenbahnähnliche Kleinbahn im Sinne der Einleitung der Ausführungsanweisung vom 13. August 1898 zum Kleinbahngesetz vom 28. Juli 1892. Sie ist dazu bestimmt, dem öffentlichen Verkehr durch Beförderung von Personen und von Gütern zu dienen; sie soll durch Dampfkraft betrieben werden und eine Spurweite von 1,435 m erhalten. Von letzterer darf auch späterhin nicht abgewichen werden.
§ 3. Die Bahn und die Betriebsmittel sind nach Maßgabe der von der Unternehmerin vorgelegten, mit Genehmigungsvermerk versehenen bzw. noch vorzulegenden und mit Genehmigungsvermerk zu versehenden Pläne und Zeichnungen nebst Erläuterungen unter Beachtung der hierbei vorgenommenen, sowie derjenigen Änderungen und Ergänzungen herzustellen, welche in Gemäßheit der §§ 17 und 18 des vorbezeichneten Gesetzes angeordnet werden.
Spezialprojekte sind vorzulegen:
a) für den Anschluß der Bahn an die Staatsbahn in Bergedorf
b) für Brücken, Siele und andere Bauwerke, falls und soweit dies von der die Genehmigung erteilenden Behörde für erforderlich erachtet werden sollte.
Die lichte Weite der Spurrinne bei Weichen, Kreuzungen, Überwegen usw. soll nicht unter 0,041 m betragen. Es sind

Querschnitt durch die Holzlaschen. ½ nat. Gr.

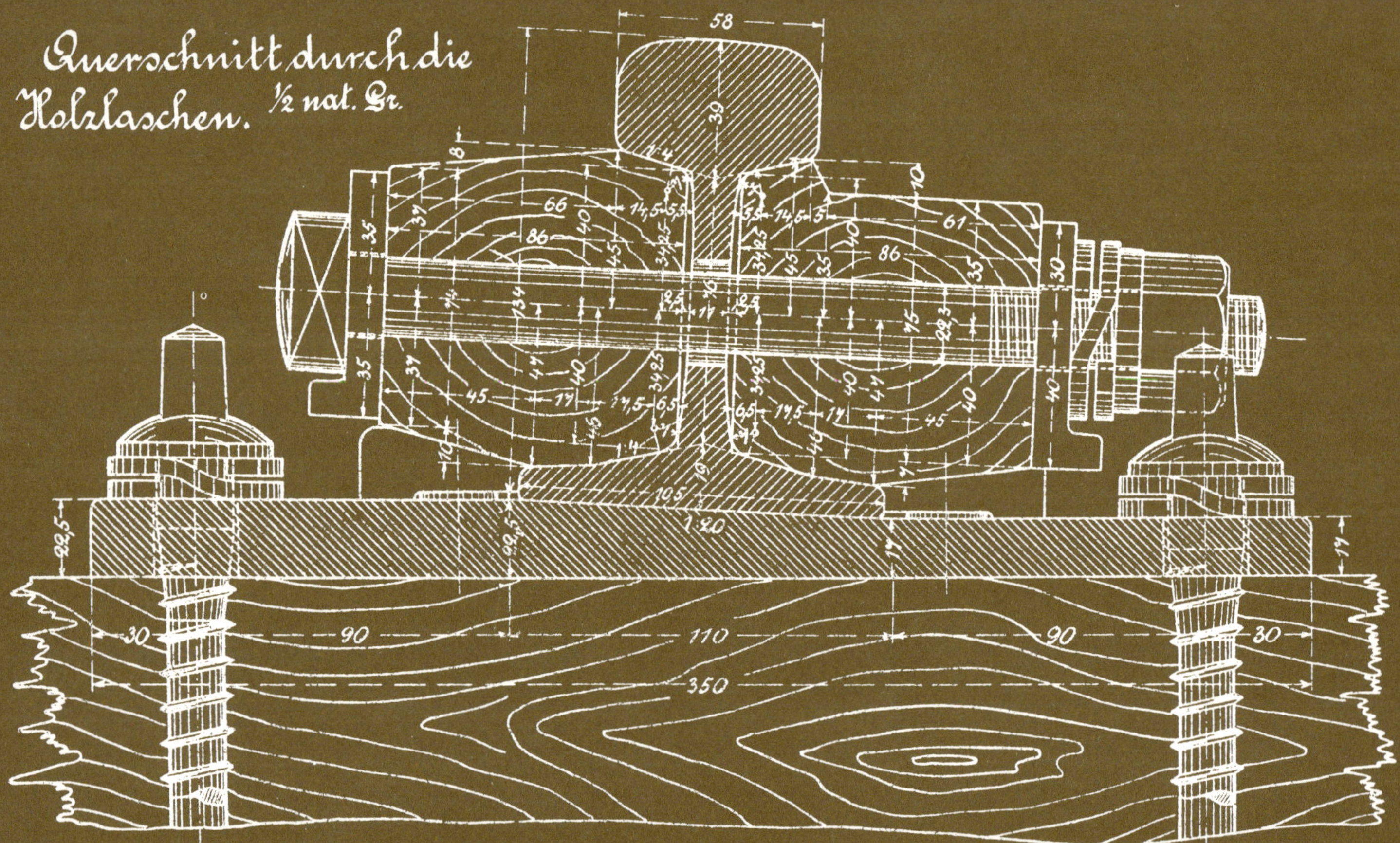

Materialbedarf für eine Stoſsanordnung

Nr.	Benennung	Gewicht für 1 Stück kg	Gewicht für 1 Stoſsanordng. kg
1	2 Holzschwellen, 2,7 m lang	—	—
2	1 hölzerne Auſsenlasche	—	—
3	1 „ Innenlasche	—	—
4	1 eiserne Auſsenlasche	13,405	13,405
5	1 „ Innenlasche	13,601	13,601
6	4 Laschenschrauben für Holzlaschen	1,323	5,292
7	6 „ „ Eisenlaschen, 105 mm lg.	0,770	4,620
8	2 besondere Unterlagsplatten	13,770	27,540
9	2 Unterlagen für die Laschenschr. bei Auſsenlaschen	1,059	2,118
10	2 „ „ „ „ „ Innenlaschen	1,059	2,118
11	10 Klemmplatten	0,514	5,140
12	8 Klemmplattenschrauben, 85 mm lang	0,698	5,584
13	12 doppelte Federringe, 24 mm Lochdurchmesser	0,105	1,260
14	1 Langholz, 1,90 m lang	—	—
15	14 Schwellenschrauben, 150 mm lang	0,469	6,566
16	4 Unterlagen für Langholzschrauben, groſse	5,849	23,396
17	2 „ „ „ , kleine	0,158	0,316
18	2 „ „ „ , runde	0,090	0,180
19	4 Langholzschrauben, 385 mm lang	2,232	3,928
20	2 „ , 385 „ „	2,107	4,214
21	2 Sicherungen gegen Drehen der Langholzschrauben	0,430	0,860

Schwellenschraube ½ nat. Gr.

Gew. = 0,469 kg.

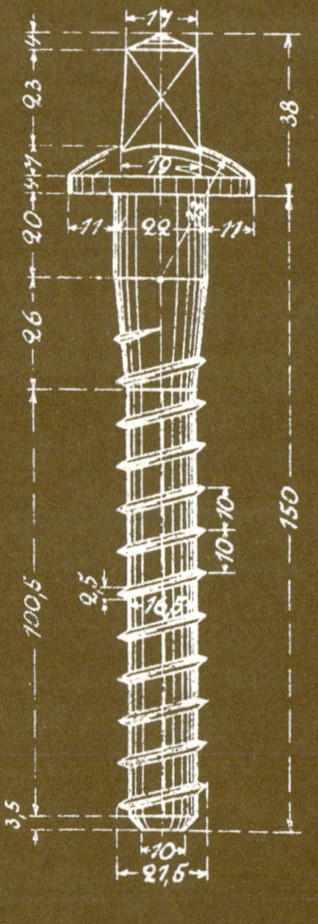

Querschnitt durch die Klemmplatten. 1/2 nat. Gr.

Unterlagsplatte. 1/4 nat. Gr.

Gew. = 13,710 kg.

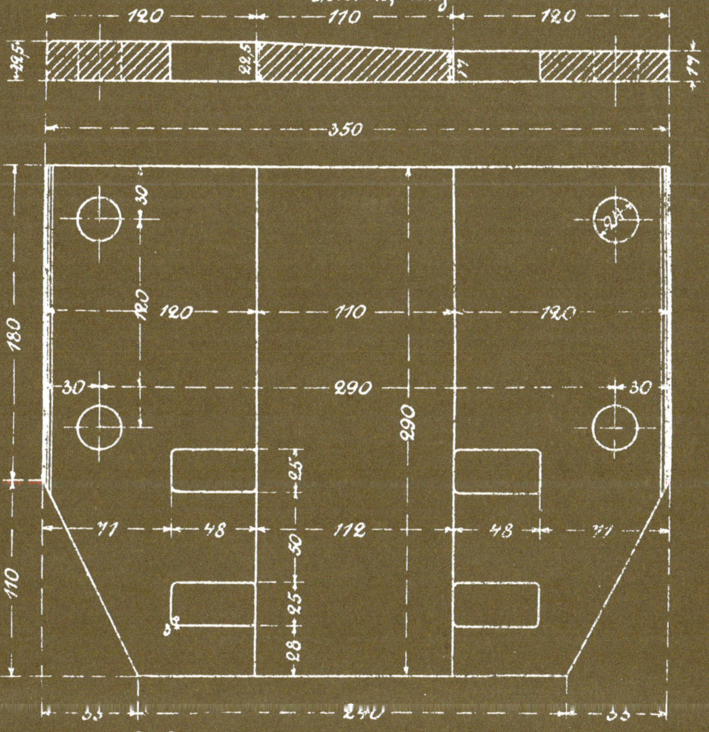

Die Unterlagsplatten sind zur Hälfte nach dieser Zeichnung, zur Hälfte nach dem Spiegelbilde der Zeichnung herzustellen.

Klemmplattenschraube. 1/2 nat. Gr.

Gew. = 0,693 kg.

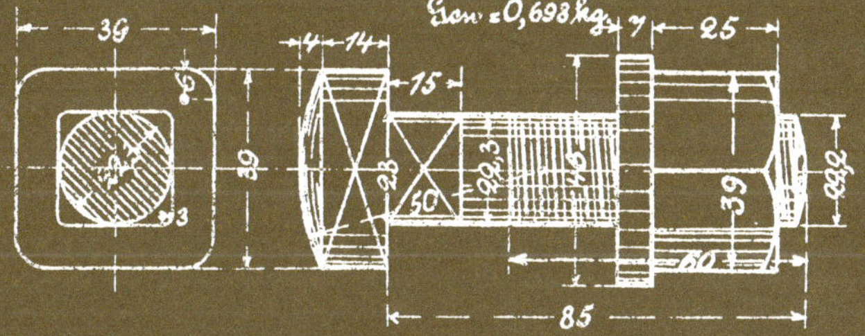

Klemmplatte 1/2 nat. Gr.

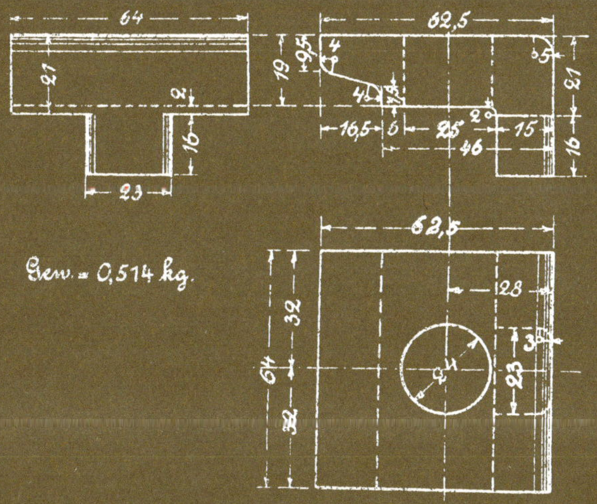

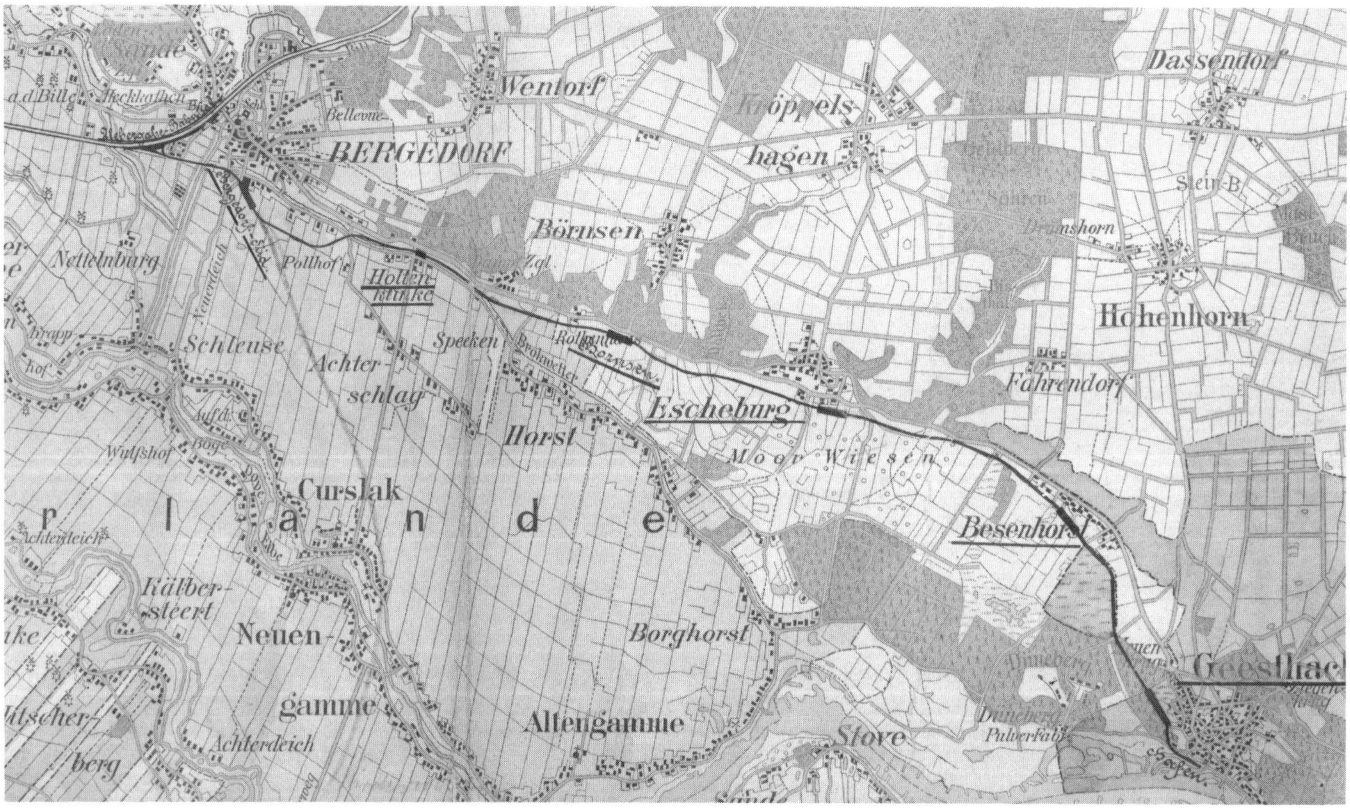

*Bild oben: Einschnitt-
arbeiten für den Bahnbau
am Geesthachter Bahnhof.*

*Bild unten: Plan von
C. O. Gleim der Bergedorf-
Geesthachter-Eisenbahn von 1905.*

nur einflanschige Räder zu verwenden. Das Ladegewicht der Wagen, in Kilogramm ausgedrückt, soll durch 500 teilbar sein.

Auch bei späteren Ergänzungen der Bahnanlagen und der Betriebsmittel darf ohne Zustimmung der unterzeichneten Behörde von der durch die Genehmigung festgesetzten Konstruktion nicht abgewichen werden.

§ 4. Vorbehalten bleibt:

1. Die Anordnung der zur Verhütung von Feuersgefahr notwendig erscheinenden Maßnahmen (Anlegung von Schutzstreifen, Herrichtung von feuersicherer Bedachung und dergl.).

2. Die Anordnung der für Wegeübergänge und besonders gefährdete Punkte erforderlichen Sicherheits-Anlagen und Maßnahmen ebenso wie alle für die Erhaltung der öffentlichen Sicherheit notwendigen Anlagen und Maßnahmen.

§ 5. Die Bahn ist innerhalb eines Zeitraumes von 2 Jahren, von dem Tage der Genehmigung an berechnet, betriebsfertig herzustellen und der Betrieb zu eröffnen.

. . .

§ 8. Es bleibt vorbehalten, der Unternehmerin jederzeit die Gestattung der Einführung von Privatanschlußbahnen nach Maßgabe des § 10 des Gesetzes vom 28. Juli 1892 zur Pflicht zu machen. (Dieses Gesetz, das die Sicherheitsbestimmungen der Hauptbahnen stark vereinfachte und damit erst billigere und leichter zu erstellende Nebenbahnen möglich machte, schaffte bei vielen Nebenbahnen überhaupt erst die Möglichkeit der Erbauung.)

§ 9. Für den sicheren Betrieb des Unternehmens sind die von dem Herrn Minister der öffentlichen Arbeiten erlassenen Betriebsvorschriften für Kleinbahnen mit Maschinenbetrieb vom 13. August 1898 (...) maßgebend.

Hinsichtlich der Meldung und Untersuchung von Unfällen sind die nachstehenden Vorschriften zu beachten:

III.

1. Dem unterzeichneten Regierungspräsidenten und der Königlichen Eisenbahn-Direktion in Altona sind zu melden:

a) alle Unfälle, die einem von regierenden Fürsten oder von Mitgliedern regierender Fürstenhäuser benutzten Zuge zustoßen, auch wenn sie nur leichter Natur und von schlimmen Folgen nicht begleitet sind;

. . .

§ 12. Die höchste zulässige Geschwindigkeit, mit welcher die Bahn betrieben werden darf, wird vorbehaltlich der für besonders gefährdete Stellen und insbesondere für Wegekreuzungen noch besonders festzusetzenden geringeren Geschwindigkeit, auf höchstens 30 km in der Stunde festgesetzt (wurde bald geändert!).

§ 13. Alle im äußeren Betriebsdienste beschäftigten Bediensteten (Maschinenführer, Schaffner, Kontrolleure, Haltestellenvorsteher usw.) müssen diejenigen körperlichen und geistigen Fähigkeiten und diejenige Zuverlässigkeit besitzen, welche ihre Berufspflicht erfordert.

Bezüglich der Ausbildung von Lokomotivführern wird folgende besondere Bestimmung vorgeschrieben: Zu Lokomotivführern dürfen nur solche Personen angenommen werden, die als Schlosser, Schmied oder als Kupferschmied ausgebildet sind und nach einer mindestens 6monatigen Arbeit in einer Lokomotivbauanstalt oder Lokomotiv-Reparatur-Werkstätte und nach mindestens ebenso langer Lehrzeit als Lokomotivführer durch eine Prüfung und durch Probefahrten der eisenbahntechnischen Aufsichtsbehörde gegenüber ihre Befähigung nachgewiesen haben.

§ 14. Die zum Verkehr mit dem Publikum berufenen Beamten müssen bei Ausübung ihres Dienstes durch Dienstkleidung oder ein besonderes Abzeichen als solche kenntlich sein.

§ 24. Die Aufsichtsbehörde ist in technischer Beziehung die Königliche Eisenbahn-Direktion in Altona, im übrigen der Regierungs-Präsident in Schleswig im Einverneh-

Fahrplan
der Bergedorf-Geesthachter Eisenbahn.
Gültig für die Zeit des provisorischen Betriebes.

Richtung von Bergedorf nach Geesthacht.									ab ↓ an	Stationen	an ↑ ab	Richtung von Geesthacht nach Bergedorf.								
		S.					S.	S.						S.					S.	S.
6.15	9.54	11.20	2.20	4.16	6.25	8.20	10.02	11.40		Bergedorf Sd. . .		7.27	11.02	12.24	3.27	5.27	7.27	9.21	11.07	12.43
6.20	9.59	11.25	2.25	4.21	6.30	8.25	10.07	11.45		Holtenklinke. . .		7.22	10.57	12.19	3.22	5.22	7.22	9.16	11.02	12.38
6.25	10.04	11.30	2.30	4.26	6.35	8.31	10.12	11.50		Börnsen		7.17	10.52	12.14	3.17	5.17	7.17	9.11	10.57	12.33
6.30	10.09	11.35	2.35	4.31	6.40	8.36	10.17	11.55		Escheburg . . .		7.12	10.47	12.09	3.12	5.12	7.12	9.06	10.52	12.28
6.35	10.14	11.40	2.40	4.36	6.45	8.41	10.22	12.00		Besenhorst . . .		7.07	10.42	12.04	3.07	5.07	7.07	9.01	10.47	12.23
6.39	10.18	11.44	2.44	4.40	6.49	8.45	10.26	12.04		Düneberg . . .		7.03	10.38	12.00	3.03	5.03	7.03	8.57	10.43	12.19
6.41	10.21	11.47	2.47	4.43	6.52	8.48	10.29	12.07		Geesthacht . . .		7.00	10.35	11.57	3.00	5.00	7.00	8.54	10.40	12.16

Anschlüsse der Staatsbahn.

4.58	9.08	10.14	1.32	3.23	5.36	7.32	9.13	10.50	ab	Hamburg	an	8.15	12.10	1.52	4.09	6.23	8.09	10.08	12.10
5.32	9.29	10.40	1.56	3.52	6.05	8.01	9.39	11.18	an	Bergedorf	ab	7.47	11.42	1.24	3.49	5 55	7.48	9.40	11.40
5.49	9.17	10.27	1.24	3.49	5.55	7.48	9.40	10.29	an	Bergedorf	ab	8.27	12.09	1.04	5.25	6.05	8.01	9.39	11.56
4.45	8.25	9.35	*1.07	3.02	5.00	6.53	†9.02	9.57	ab	Büchen	an	9.17	*12.28	§1.37	5.46	6.55	†8.21	10.30	12.36

* Friedrichsruh † Schwarzenbek

* Friedrichsruh § Schwarzenbek † Friedrichsruh

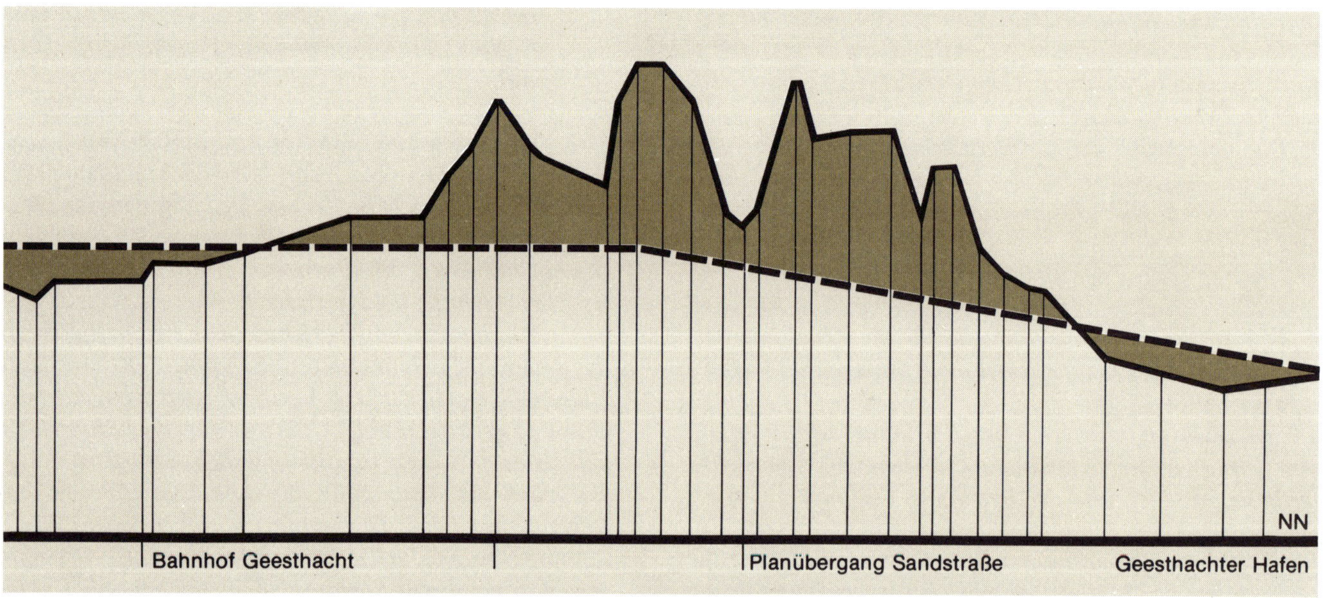

Bild oben: Erster Fahrplan der Bergedorf-Geesthachter-Eisenbahn, gültig für die Zeit des provisorischen Betriebes vom 20. Dezember 1906 bis zum 30. April 1907.

Welche Sandmassen am Geesthachter Bahnhof bewegt werden mußten, zeigt dieses Längenprofil der Eisenbahnstrecke von der Landesgrenze zu Preußen bis zum Geesthachter Hafen (gegenüber der Länge sind die Höhen also 10fach verstärkt wiedergegeben).

Bild rechts: Sandabfuhr aus der Geest in der Nähe von Besenhorst. Am Rande: Der Fotograf, der dieses Bild aufnahm, muß sich viel Mühe hierfür gemacht haben, man erkennt auf dem Bild im Vordergrund links seinen Schatten mit einer schweren Plattenkamera.

men mit der Königlichen Eisenbahn-Direktion in Altona. Den Aufsichtsbeamten der Königlichen Eisenbahn-Direktion in Altona ist bei Aufsichtsreisen freie Fahrt in jeder beliebigen Wagenklasse zu gewähren. Zu derartigen Reisen gehören auch diejenigen zur Abnahme etwaiger Privat-Anschlußbahnen.

§ 25. Die Übertragung der aus dieser Genehmigung sich ergebenden Rechte und Pflichten an einen anderen Unternehmer ist nur mit Genehmigung der Aufsichtsbehörde zulässig.

Schleswig, den 19. August 1905

Der Regierungs-Präsident«

Am 21. Februar 1906 wurde die zulässige Höchstgeschwindigkeit nachträglich auf 40 km/h festgesetzt.

Die Arbeiten am Bahnbau kamen dann zügig voran. Im Winter 1905/1906 waren die Einschnittarbeiten am Bahnhof Geesthacht sowie der Bahndamm von Geesthacht aus auf etwa 4 km fertig.

Gleim (Jetzt Vorstand der BGE (Stellvertreter seit 23. Oktober 1906 Ing. Paul Weichhold)) meldet in seinem Monatsbericht für Juli 1906, daß 80 bis 90 Mann für die BGE an den Erdarbeiten beschäftigt seien. Diese waren zu dem Zeitpunkt von Geesthacht aus auf 10.5 km fertig. 5.5 km waren in Arbeit. Die Lieferung der Schienen und Schwellen einschließlich der Kleinteile war nahezu beendet.

Bezüglich des Oberbaumaterials war in erster Linie versucht worden, Schienen von der Staatsbahn zu erhalten. Als sich aber herausstellte, daß sie dort nicht zu bekommen waren, wurden die Schienen dann im Dezember 1905 beim Stahlwerks-Verband bestellt.

Die Schienen, die Schwellen und der Kies für den Oberbau wurden zu Wasser im Geesthachter Hafen angeliefert und zur jeweiligen Baustelle auf dem bereits verlegten Gleis transportiert. Die Verlegung des Oberbaues erfolgte von Geesthacht aus jeweils sofort, nachdem der entsprechende Abschnitt des Unterbaues fertiggestellt war.

Im Juli 1906 war die halbe Anzahl der benötigten Weichen bereits geliefert. Auch die ersten beiden Wagen (2 Bahnmeisterwagen) kamen von der Firma Jacob Steffen aus Neustrelitz an. Die Verlegung des Oberbaues hatte die Firma F. Mühlhaus aus Schwerin übernommen.

Im Juli 1906 konnte die Firma H. Lohse, Bergedorf, mit den Rammarbeiten für die (erste) provisorische Brücke über die Brookwetterung in der Höhe der Pollhofsbrücke in Bergedorf beginnen.

An der Schleusengrabenbrücke in Bergedorf waren zu diesem Zeitpunkt die Maurerarbeiten für das erforderliche Fundament bereits fertig. Der Bau der Brücke verzögerte sich doch dann durch eine Projektänderung (Höherlegung des Bahndammes) und durch den im Spätsommer 1906 ausgebrochenen Arbeitsausstand in der Metallindustrie.

Im Juli 1906 wurde von den Hochbauten der BGE nachfolgendes vermeldet: *Es stand bereits das Gebäude der Bahnmeisterei Bergedorf-Süd. Das Empfangsgebäude Bergedorf-Süd war im Bau, ebenso der kleine Lokomotivschuppen. Am Empfangsgebäude des Bahnhofes Geesthacht wurde ebenfalls gebaut.*

Am 19. Oktober 1906 konnte die BGE den ersten provisorischen Fahrplan für einen Betrieb zwischen Bergedorf-Süd und Geesthacht, der im Dezember des Jahres aufgenommen werden sollte, herausbringen.

Die Arbeiten schritten auch weiterhin zügig voran. Die benötigten Fahrzeuge kamen nahezu fristgerecht an. So konnten die »Hamburger Nachrichten« am 9. November 1906 melden, daß ab etwa 15. Dezember 1906 ein vorläufiger Betrieb mit 5 Personenwagen und 2 Loks aufgenommen werden solle. Zu Beginn des provisorischen Betriebs waren jedoch schon 3 Dampflokomotiven vorhanden.

Die Aufnahme des provisorischen Betriebes wurde bald danach auf den 20. Dezember 1906 festgesetzt. Nach der am 18. Dezember 1906 erfolgten Abnahme der Bahn durch die Königliche Eisenbahnkommission und weiterer amtlicher Organe wurde die vorläufige Genehmigung zur Eröffnung dieser Eisenbahn (Betriebsaufnahme) erteilt.

Erste Brücke über den Schleusengraben in Bergedorf 1907. Beim ersten zweigleisigen Ausbau wurde diese gleiche Brücke nochmals neben der ersten 1917 erbaut. Die erste Brücke wurde dann beim ersten eingleisigen Rückbau abgerissen und beim zweiten zweigleisigen Ausbau wieder aufgebaut.

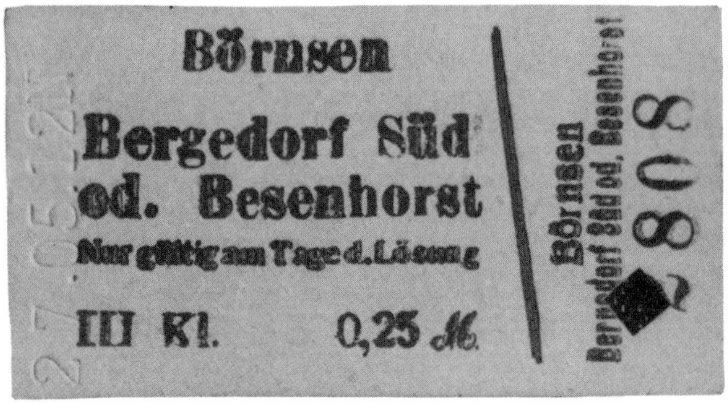
Börnsen
Bergedorf Süd
od. Besenhorst
Nur gültig am Tage d. Lösung
III Kl. 0,25 M.
Börnsen
Bergedorf Süd od. Besenhorst
808

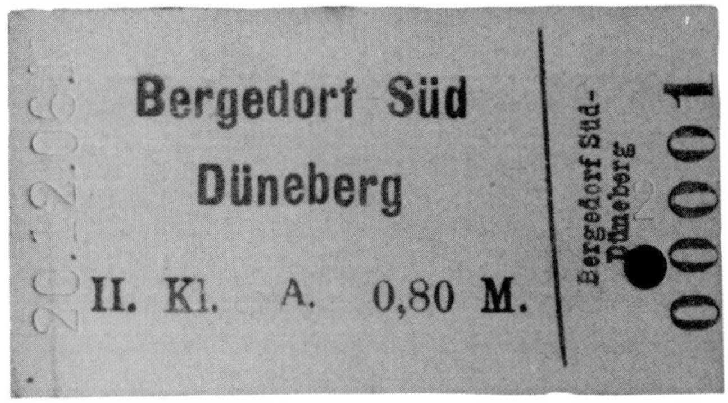
Bergedorf Süd
Düneberg
II. Kl. A. 0,80 M.
Bergedorf Süd-
Düneberg
00001

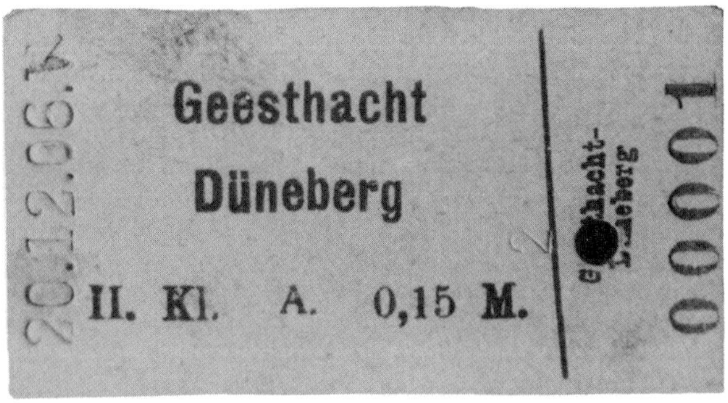
20.12.06.
Geesthacht
Düneberg
II. Kl. A. 0,15 M.
00001

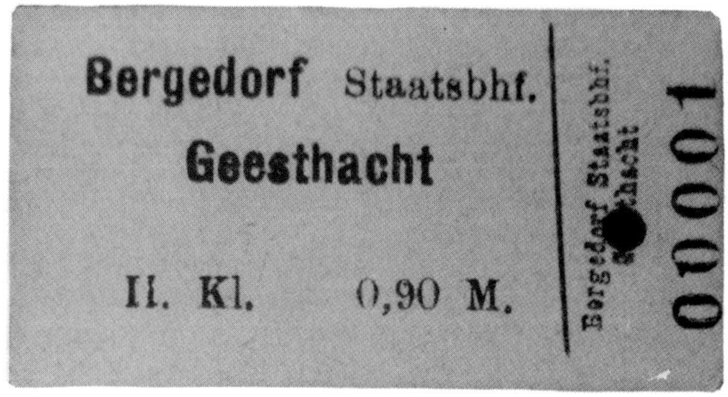
Bergedorf Staatsbhf.
Geesthacht
II. Kl. 0,90 M.
Bergedorf Staatsbhf.
00001

20.12.06.N
Bergedorf Süd
(Siehe Rückseite)
M. 0,20
00001

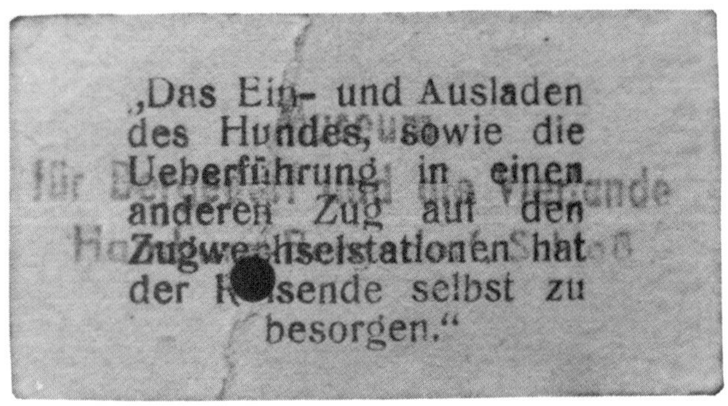
„Das Ein- und Ausladen
des Hundes, sowie die
Ueberführung in einen
anderen Zug auf den
Zugwechselstationen hat
der Reisende selbst zu
besorgen.“

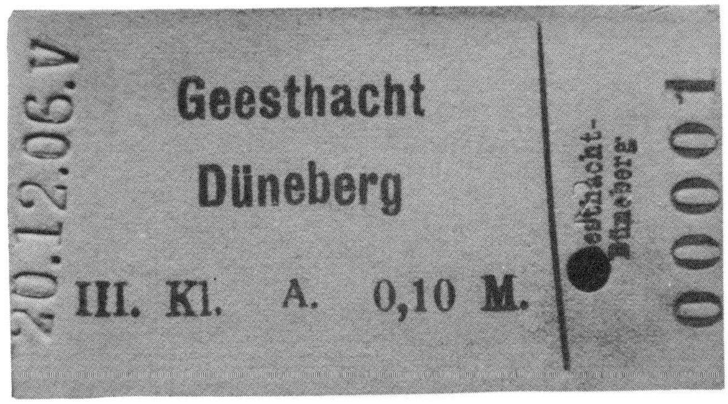

Fahrkarten der Bergedorf–Geesthachter Eisenbahn vom Eröffnungstag aus dem Jahre 1906.

Der Betrieb auf der BGE wird aufgenommen

Bereits am 19. Dezember 1906 konnte eine erste Probefahrt mit geladenen Gästen stattfinden. An diesem Tage besaß die BGE 3 Dampfloks, 5 Personenwagen, 2 Post- und Gepäckwagen, 3 gedeckte Güterwagen, 2 Milchwagen, 5 offene Güterwagen und die bereits genannten 2 Bahnmeisterwagen.

Der provisorische Betrieb wurde einen Tag später, am 20. Dezember 1906, zuerst einmal zwischen Bergedorf-Süd und Geesthacht aufgenommen, da vorerst über den Schleusengraben nur eine behelfsmäßige Brücke führte, die nur einen beschränkten Güterverkehr zur Staatsbahn zuließ.

Für die Zeit des provisorischen Betriebes war ein Güterverkehr eigentlich gar nicht geplant gewesen, jedoch erzwang der strenge und früh einsetzende Winter diesen, da die Schiffahrt auf der Elbe bei Geesthacht für längere Zeit unterbrochen wurde.

Das war eine willkommene Gelegenheit zur weiteren Nutzbarmachung des noch unfertigen Unternehmens für Gütertransporte der vom Wasserverkehr abgeschnittenen Dynamit-, Pulver- und Hartsteinfabriken in Geesthacht im Durchgangsverkehr mit der Staatsbahn über Bergedorf. Dieser mußte jedoch wegen der Aufstellung der Brücke über den Schleusengraben vom 19. Februar 1907 bis 8. April 1907 unterbrochen werden.

Geesthacht war außerordentlich erfreut, endlich einen Bahnanschluß mit Bergedorf und damit auch mit Hamburg zu haben. Lassen wir wieder unseren Berichterstatter von damals zu Worte kommen:

»So ist es denn endlich erreicht, was Geesthacht seit Jahrzehnten herbeigesehnt hat. Vor dem schmucken Bahnhof pfeift lustig eine nagelneue Lokomotive, und wer nach Hamburg fahren will, braucht nicht mehr in einer endlosen Dampferfahrt die trüben Fluten der Elbe zu durchschneiden und unterwegs im fortgesetzten Skat einen Teil seines Reisegeldes zu verlieren; er braucht nicht mehr die Dauerhaftigkeit seines Knochengerüstes der schweren Probe einer Omnibusfahrt zu unterziehen oder

Feierliche Eröffnung
der Bergedorf-Geesthachter-Eisenbahn
am 20. Dezember 1906 im
Bahnhof Bergedorf-Süd.

in den düstern Tiefen dieses prähistorischen Fuhrwerks schmerzliche Betrachtungen darüber anzustellen, wie zusammenquetschungsfähig menschliche Glieder sind, wenn es gilt, 20 Personen in einen Wagen mit 12 Plätzen zu stopfen; er braucht nicht im eisigen Winter Schnupfen, Zahnschmerzen, Gliederreißen, Frostbeulen, alle die lieblichen Gratiszugaben einer stundenlangen Fahrt im zugigen Wagen mit nach Hause zu nehmen und im heißen, staubigen Sommer nicht dem amüsanten Sport obliegen, neckisch stechende Pferdefliegen zu fangen, welche beständig in summenden Scharen die Fahrgäste umschwirren. Nein, das alles ist nicht mehr nötig, jetzt kann er auf dem Geesthacher Bahnhof so komfortabel in einen Eisenbahnzug steigen, wie es sich ein moderner Mitteleuropäer des 20. Jahrhunderts nur wünschen kann. Ach! und er hätte es längst gekonnt, schon vor mehr als 60 Jahren, wenn nur damals die Geesthachter so kluge weitblickende Leute gewesen wären, wie sie es ja heute, Gott sei Dank, ohne Ausnahme sind.«

Im Frühjahr des Jahres 1907 gingen auch die weiteren Ausbauarbeiten voran. Das Empfangsgebäude Besenhorst wurde fertiggestellt; von der Deutsch-Amerikanischen-Petroleum-Gesellschaft wurde ein Petroleum-Tank für 50 000 kg Petroleum auf dem Bahnhof Bergedorf-Süd erbaut. Das Empfangsgebäude des Bahnhofes Börnsen konnte fast fertiggestellt werden. Die Schankkonzession für die Bahnhofswirtschaft erhielt der Pächter Odemann vom Kreisausschuß in Ratzeburg. Odemann wurde gleichzeitig Agent der BGE. Die Arbeiten zum zweiten Nebengebäude in Bergedorf-Süd wurden aufgenommen. Am Haltepunkt Düneberg errichtete die Pulverfabrik eine Wartehalle. Die Firma Bardowicks aus Stöckte nahm die Arbeiten zur Einrichtung des Empfangsgebäudes Escheburg auf. Bereits zu Ostern 1907 war eine neue Brücke über die Brookwetterung in Höhe der Pollhofsbrücke voll befahrbar.

Mit Vertrag vom 8. Februar 1907 wurde der Wagenübergang der Güterwagen der BGE auf die Staatsbahn geregelt, der eine unkomplizierte Übergabe am Staatsbahnhof in Bergedorf vorsah.

Nach diesem, zum Teil schrittweisen Aufbau der Bergedorf-Geesthachter-Eisenbahn, nach anfänglichen Schwierigkeiten im Betriebsablauf und nach endgültiger Fertigstellung der wesentlichsten Bauten, konnte die BGE nun zum 1. Mai 1907 ihren regulären Betrieb aufnehmen, der auch endlich der Bedeutung dieser Bahn entsprechen konnte.

Im Laufe des Sommers 1907 wurden die Empfangsgebäude von Börnsen und Escheburg sowie das zweite Nebengebäude auf dem Bahnhof Bergedorf-Süd fertiggestellt und in Benutzung genommen. Ebenso erbaute die BGE in Bergedorf-Süd eine eigene Pumpanlage, da das bisher benutzte Wasser der Stadt zu teuer kam.

Am Staatsbahnhof Bergedorf wurde zur Einführung der BGE zu Beginn des vollen Betriebes ein besonderer Bahnsteig errichtet, der jetzt mit einer Bude zur Aufnahme von Eilgut und Gepäck versehen wurde. Das Weichen- und Signalstellwerk der Staatsbahn wurde auf Kosten der BGE erweitert.

Folgende private Gleisanschlüsse waren vorhanden: Dü-

Erdenwandel des Welterlösers abschloß, da er zum letzten male auf Erden weilte, und dann heimging zum Vater. Ein Sehnen nach der ewigen Heimat soll zu Himmelfahrt drum unser Herz erfüllen, ein Drang zur Vollendung, ein Vor- und Aufwärtsstreben aus der Tiefe nach der Höhe, nach allem Guten, Ewigen. Durch den Jubel der gegenwärtigen Frühlingszeit, die uns die Welt in all ihrer Schönheit zeigt, soll es uns bewußt werden, daß wir auf dieser Welt keine bleibende Stätte haben, daß sie vielmehr in ihrer Maienschöne nur ein Abglanz der ewigen Heimat ist, zu der des Meisters Himmelfahrt uns die Wege weisen will.

§ **Das Tierschau-Komitee** hielt am Montag nachmittag im Schröder'schen Hotel hierselbst eine Sitzung ab, in welcher der Vorsitzende, Herr Amtsvorsteher Berling-Büchen mitteilte, daß die Lübecker Landwirtschaftskammer die Summe von 300 Mark zu Prämien zur Verfügung gestellt habe. Im Ganzen stehen an Staatsprämien zur Verfügung: 700 Mark für Pferde, 1000 Mark für Rinder und 200 Mark für Schweine. An Vereinspreisen sind 1200 Mark festgesetzt worden, hiervon entfallen 50 Mk. auf Ziegen, 120 Mark auf Schafe und 55 Mark auf Geflügel, die weitere Summe an Vereinspreisen verteilt sich auf Pferde, Rinder und Schweine. Ehrenpreise sind bisher von dem Landwirtschaftlichen Kreisverein, dem Möllner, Schiphorster, Sandesnebener, Berkenthiner, Lassahner und Geflügel-Zuchtverein gestiftet. Die Einteilung des Tages wurde wie folgt festgesetzt: $^1/_2$9 Uhr Aufstellung des Viehes, 9 Uhr Zusammenkunft der Preisrichter, 9$^1/_2$ bis 1 Uhr Prämiierung, 1—3 Uhr Vorführung und Preisverteilung, 3—5 Uhr Festessen im Schröder'schen Hotel, 5—6 Uhr Rennen, 6 Uhr Verlosung, nachher Ball. Für das Rennen sind an Preisen 800 Mark bewilligt, außerdem werden 3 Ehrenpreise gestiftet. Zu Preisrichtern wurden von dem Komitee ernannt: für Pferde die Herren Hauschildt in Breckstedt und Hesse in Römnitz; für Rinder die Herren Böttcher in Retwischdorf und Harders in Grande; für Schweine Herr Kampff in Lütau; für Ziegen die Herren Drögemüller in Buchholz, Reimers in Schwarzenbek; für Schafe die Herren Meier in Talkau und Petersen-Basthorst; für Federvieh die Herren Kielholz und Rosenbeck-Lüneburg. Als Ehrengäste werden geladen: die Herren Landrat von Bülow, Landtagsabgeordneter Wentorp, Amtsvorsteher Schefe, der Vorstand der Landwirtschaftskammer und der Vorsitzende der Landwirtschaftskammer in Lübeck.

wird. Aumühle erhält ein eigenes Postamt; das Gebäude läßt Kaufmann Specht errichten, der es dann mieteweise der Postverwaltung überläßt. Das Postamt in Friedrichsruh wird aufgehoben. Diese Maßnahmen sind auf den wirtschaftlichen Aufschwung Aumühles und den großen Verkehr, der an Sommersonntagen dort herrscht, zurückzuführen.

* **Zugentgleisung auf der Bergedorf-Geesthachter Bahn.** Der Personenzug, der 3 Uhr nachmittags Geesthacht verläßt, ist am Montag an der großen Kurve auf Curslaker Gebiet entgleist. Es wurden vier Personenwagen aus den Schienen geworfen. Personen sind bei dem Unfall nicht verunglückt. Der Verkehr wurde mit Hilfe einer Arbeitsmaschine und zweier Wagen durch Umsteigen aufrecht erhalten. Ueber die Ursache des Unfalles verlautet, die Schienen hätten sich geworfen. Der Materialschaden ist gering.

Zu der Zugentgleisung auf der Bergedorf-Geesthachter Eisenbahn ist noch mitzuteilen, daß zahlreiche Hilfskräfte die ganze Nacht angestrengt tätig waren, um die entgleisten Personenwagen wieder auf die Schienen zu bringen und die Gleise auszubessern. Um 6 Uhr 20 Min. konnte der erste Zug die Unfallstelle in langsamer Fahrt passieren, und von da an verkehren die Züge regelmäßig. Die Entgleisung ereignete sich an der Kurve vor der Stelle, wo am Karfreitag ein Zug der Bergedorf-Geesthachter Bahn aus den Schienen geriet. Als Ursache der Unfälle scheinen in Betracht zu kommen: der lockere, sandige Untergrund, die scharfe Kurve oder die Länge der Personenwagen, die vielleicht nicht im richtigen Verhältnis zur Kurve steht. Für diese Auffassung spricht der Umstand, daß nur die langen Personenwagen aus den Schienen sprangen und sich zur Seite neigten, während die Lokomotive und der weniger lange Packwagen auf den Schienen stehen blieben. Eine sorgfältige Nachprüfung des Gleises auf der ganzen Strecke, besonders aber an der gefährdeten Stelle, ist dringend notwendig.

† **Trittau**, 7. Mai. Zwecks endgültiger Festsetzung des Fahrplans der Kreisbahn Trittau—Schiffbek sind die Gemeinde- und und Gutsvorsteher der beteiligten Gemeinden für Sonnabend, den 11. Mai, zu einer Besprechung von dem Herrn Landrat nach Wandsbek geladen. Erwünscht ist es, wenn auch andere Herren sich an dieser Besprechung beteiligen und ihre Wünsche zum Ausdruck bringen. — Auf der Vorburg Trittau wird in nächster Zeit auf der Ortsseite ein eigenes

Ball zu feiern beabsich
* **Kiel**, 6. Mai.
vergiftet. Die b
knaben Willy Richter
hierselbst hatten Sonn
kleineren Spielgenosse
dem Schulensee gemach
Wasserschierling (cicuta
die beiden älteren Kna
Zeit fiel Richter sch
krümmte sich in Krä
ries zuerst für einen S
Unwohlsein ergriff. Ei
Oberhoboistenmaat leis
dort weilenden Fräul
half jedoch nichts, der
Qualen. Unterdessen
Schwestern des Ans
gefunden und nahm
handlung. Da der K
als sein unglücklicher
es, ihn am Leben zu e
wagen der Feuerwehr
krankte Kind nach d
wo es ihm etwas bess
* **Apenrade**, 6
Szene spielte sich au
ab, dem Kreuzungsp
Sonderburger Zuges.
Schmidt aus Lügumkl
nach der anderen Sei
wollte, kam plötzlich
heran, der von Schmi
Schmidt wurde von de
umgestoßen, der über i
Schmidt zum größte
geregten Anwesenden
ganz heil, aber leichen
zurücktrat.
* **Flensburg**, 7.
ehrliche — Land
Schwindler, der läng
hörden gesucht wurde
eigene Falle ging, h
kammer in Flensburg
war der Arbeiter Fri
Peters erschien im He
dem Uhrmacher Car
erklärte, von dem G
geschickt zu sein und
damit er schnell nach
Er erhielt das Fahrra
zurück. Bei dem G
ließ er sich ein Fuhrw
Friedrichstadt geben,
Rückfahrt am Nachmi
nicht mehr sehen. Be

Erster Zug der
Bergedorf-Geesthachter-Eisenbahn
vor dem Geesthachter
Bahnhof.

neberger Pulverfabrik, Geesthachter Hartsteinwerk, Bergedorfer Ziegelei von C. D. Blohm.
War bisher der auch für den Betrieb einer Kleinbahn wichtige Güterverkehr bei der BGE zweitrangig gewesen, so sollte er nun besondere Bedeutung erhalten. Mit Vertrag vom 30. September 1907 (durch die Staatsbahn am 9. Oktober 1907 bestätigt) war die Überführung von Güterwagen auch offiziell von der BGE am Staatsbahnhof Bergedorf auf die Staatsbahn gesichert. Hierfür wurden besondere Übergabegleise erstellt.
1908 wurden eine offene Halle am Geesthachter Bahnhof und der Erweiterungsbau des Bahnhofes Escheburg (Gaststätte und Wohnung) fertiggestellt.
Im April 1908 konnte der Fahrkartenverkauf im hierzu erweiterten Bahnhof Düneberg aufgenommen werden. Damit konnte der Fahrkartenverkauf in den Zügen aufgehoben werden.
1909 wurde der Wagen-Reparaturschuppen in Bergedorf-Süd fertiggestellt. Auf den Bahnhöfen Börnsen und Geesthacht wurden Fuhrwerkswagen aufgestellt. Beim Bahnhof Düneberg wurde mit dem Bau eines Empfangsgebäudes mit Wohnung und Wirtschaft begonnen (Dienstwohnung).
Die städtische Industriebahn für die Fabriken am Bergedorfer Schleusengraben wurde nebst Übergabegleis an die BGE (Drehscheibe neben der Schleusengrabenbrücke) fertiggestellt und am 15. Juli 1909 in Betrieb genommen.
Seit Beginn des vollen Betriebes entsprach die Entwicklung des Personen- und des Güterverkehrs den Erwartungen. Im Geschäftsjahr 1909/10 brachte der Personenverkehr 66% der Einnahmen und der Güterverkehr 26%. In diesem Jahr wurde auch beschlossen, eine Bahn nach Zollenspieker zu bauen.
Im Geschäftsjahr 1910/11 (Geschäftsjahr jeweils vom 1. April bis 31. März) wurde das neue Bahnhofsgebäude in Düneberg fertig.

Bild oben: Erstes Empfangsgebäude des Bahnhofes Düneberg. Dieses Gebäude wurde noch von der Pulverfabrik erbaut, da der Bahnhof Düneberg fast ausschließlich von Mitarbeitern dieser Fabrik benutzt wurde. Er sollte aber auch bald dem ständig wachsenden Verkehr nicht mehr gewachsen sein.

Bild unten: Bahnhof Besenhorst 1907

Bild oben links: Geesthachter Bahnhof bei der Ankunft eines Güterzuges im Jahre 1908.

Bild oben rechts: Wasserturm am Bahnhof Bergedorf-Nord der BGE.

Bild unten: Etwas abseits, aber trotzdem recht günstig zum Stadtzentrum, lag der Bahnhof Bergedorf-Süd der BGE am Neuen Weg. Von der Sachsenstraße aus (heute Sachsentor) benötigte man bis zum Bahnhof etwa 5 Minuten zu Fuß. Hier in der Sachsenstraße an der Ecke Neue Straße (Neuer Weg) an der Gaststätte »Zum weißen Schwan« (heute Teppich-Werth (1977)) hatte die BGE extra ein Hinweisschild zum Südbahnhof angebracht.

Kundmachung der endgültigen Betriebseröffnung der BGE zwischen Geesthacht und Bergedorf-Staatsbahn zum 1. 5. 1907 in den Hamburger Nachrichten am 21. 4. 1907.

Hamburger Nachrichten — Sonntag, den 21. April 1907.

Bergedorf-Geesthachter Eisenbahn-A.-G.

Die Eröffnung des vollen Betriebes auf der Bergedorf-Geesthachter Eisenbahn soll am 1. Mai d. J. stattfinden.

I. Personenverkehr.

Für den Personenverkehr wird die Verbindungsstrecke zwischen unserem Bahnhofe Bergedorf-Süd und dem Hauptbahnhofe Bergedorf der Preussischen Staatsbahn eröffnet. Auf letzterem Bahnhofe werden die Züge der Bergedorf-Geesthachter Eisenbahn an einem gesonderten Bahnsteig unmittelbar neben dem Hamburger Ankunftsbahnsteig halten.

Der in Kraft tretende **Fahrplan** ist nachstehend abgedruckt.

Die **Fahrpreise** auf der bisher provisorisch betriebenen Strecke bleiben unverändert; beim Hinzutreten der Verbindungsstrecke der beiden Bergedorfer Bahnhöfe erhöhen sich die Fahrpreise entsprechend. An Sonn- und Feiertagen werden „Sonntags-Rückfahrkarten" von beiden Bergedorfer Bahnhöfen nach sämtlichen anderen Stationen ausgegeben. Die Preise für Einzel- und Sonntags-Rückfahrkarten sind aus der nachstehend abgedruckten Preistafel zu ersehen; wegen Militär-, Hunde- und Gepäck-Fahrkarten, sowie Monats-Schülerkarten, allgemeiner Monatskarten und Arbeiter-Wochenkarten ergeben die Aushänge auf den Stationen, sowie die daselbst erhältlichen Abdrucke des „Binnen-Tarifes" Auskunft. Die Ausgabe der Monats- und Wochenkarten erfolgt ausschließlich auf den Bahnhöfen Bergedorf-Staatsbahnhof, Bergedorf-Süd und Geesthacht; die anderen Fahrkarten sind vom 1. Mai ab an den für die einzelnen Stationen mit Ausnahme von Düneberg vorgesehenen Verkaufsstellen zu lösen.

II. Güterverkehr.

Für den Güterverkehr sollen die Bahnhöfe Bergedorf-Süd, Börnsen, Escheburg, Besenhorst und Geesthacht dienen. Im Übergang von und nach der Preussischen Staatsbahn in Bergedorf wird der Wagenladungsverkehr durch direkten Wagenübergang, der Stückgutverkehr durch Umladung am Güterschuppen des Staatsbahnhofes vermittelt. Die Beförderungspreise und zugehörigen Bestimmungen sind aus unserem „Binnen-Tarif" nebst zugehörigem ersten Nachtrag zu ersehen, welcher auf unseren Stationen zur Einsicht ausliegt und daselbst für 60 Pfg. käuflich ist. Weitere Auskunft erteilt unsere Betriebsleitung im Bahnhofe Bergedorf-Süd.

HAMBURG, 20. April 1907. **Der Vorstand.**

Bergedorf-Geesthachter Eisenbahn.

Preistafel

für Einzel- und Sonntagsrückfahrt-Karten in Pfennigen einschl. Fahrkartensteuer.

Gültig vom 1. Mai 1907 ab.

Stationen:	Bergedorf-Süd				Holtenklinke				Börnsen				Escheburg				Besenhorst				Düneberg				Geesthacht				Länge bis Geesthacht
km von Bergedorf Staatsbahnhof	2				4				7				9				12				13				14				
	Einzel-Fahrkarte		Sonntags-Rückfahrtkarte		Einzel-Fahrkarte		Sonntags-Rückfahrtkarte		Einzel-Fahrkarte		Sonntags-Rückfahrtkarte		Einzel-Fahrkarte		Sonntags-Rückfahrtkarte		Einzel-Fahrkarte		Sonntags-Rückfahrtkarte		Einzel-Fahrkarte		Sonntags-Rückfahrtkarte		Einzel-Fahrkarte		Sonntags-Rückfahrtkarte		
Wagenklasse	II.	III.	II.	III.	II.	III.	II.	III.	II.	III.	II.	III.	II.	III.	II.	III.	II.	III.	II.	III.	II.	III.	II.	III.	II.	III.	II.	III.	km
Von Bergedorf Staatsbahnhof	15	10	30	.0	25	20	40	30	45	30	70	45	55	40	85	50	80	50	105	70	85	50	110	75	90	55	120	80	14
Von Bergedorf-Süd					0	15	30	20	30	25	45	30	45	35	80	45	70	45	90	55	80	50	105	70	85	50	110	75	13
Von Holtenklinke									20	15			40	25			50	35			70	40			80	45			11
Von Börnsen													20	15			40	25			45	30			50	35			8
Von Escheburg																	20	15			30	20			40	25			6
Von Besenhorst																					15	10			20	15			3
Von Düneberg																									15	10			1
Von Geesthacht																													0

Dieses (im Original vierfarbige) Plakat brachte die
Bergedorf-Geesthachter-Eisenbahn 1907
zur Eröffnung des Betriebes von Bergedorf-Staatsbahn nach Geesthacht heraus.
Es sollte die Bewohner Hamburgs auf die Schönheiten
der Strecke hinweisen. Auch damals schon Fahrgastwerbung.

Der Geesthachter Bahnhof erhielt eine Brunnenanlage mit Pulsometer zur Speisung der Loks. Ebenso wurde hier wegen des ständig zunehmenden Güterverkehrs die Erweiterung der Gleisanlagen in Angriff genommen. Auch in Bergedorf-Süd mußten die Gleisanlagen bereits erweitert werden. Die Pulverfabrik in Düneberg erhielt ihr zweites Anschlußgleis zum neuen Fabrikteil und zum Schießplatz.
Am 25. März 1911 wurde mit den Bauarbeiten zur Vierländer Bahn begonnen und am Staatsbahnhof ein drittes Gleis errichtet. Am Ende der Gleise wurde eine Schiebebühne erbaut, um eine Weichenanlage zu vermeiden und die nutzbare Bahnsteiglänge damit zu erhöhen. Der Bahnhof erhielt jetzt auch einen Kohlenbansen und eine eigene Wasserstation. Ein neues Privatanschlußgleis errichtete man für die Stuhlrohrfabrik von H. W. Rümkker, Bergedorf. Zwischen den Bahnhöfen Börnsen und Escheburg wurde ein Düngerentladegleis erbaut.
Am 3. Januar 1912 beantragt die Bergedorf-Geesthachter-Eisenbahn beim Regierungspräsidenten in Schleswig den Bau eines Gleisanschlusses zu den Besenhorster Sandbergen. U. a. heißt es in diesem Schreiben:
»... *Wir beabsichtigen, die Besenhorster Sandberge zu kaufen, um den großen Bedarf an Sand für den Blumen- und Gemüsebau in den Vierlanden sowie für vorkommende Landaufhöhungen und andere Zwecke zu decken. Es handelt sich um das ... Gelände, welches etwa 75 ha groß ist. Wir haben uns diese Fläche sowie das Gelände für das Zufahrtgleis notariell gesichert. Nach der Abtragung des Sandes, die sich auf eine längere Reihe von Jahren erstrecken soll, wird in Aussicht genommen, das Gelände industriellen Zwecken nutzbar zu machen...*«
Die Genehmigung hierzu erfolgte bald, und sofort nach Anlage des Anschlußgleises begann die BGE mit der Abfuhr des Sandes.
Der Fahrplan für Personenzüge verzeichnete nun im Sommer werktags 11 und sonntags 14 Züge (beide Richtungen), Winter werktags 10 und sonntags 11 Züge (beide Richtungen).
Die Entwicklung der Eisenbahn von Bergedorf nach Geesthacht verlief also in den ersten Jahren ihres Bestehens zufriedenstellend.
Am 1. April 1912 erfolgte die feierliche Betriebseröffnung der Vierländer-Bahn von Bergedorf-Süd nach Zollenspieker mit den Zwischenstationen Pollhof, Curslack-Neuengamme, Kirchwerder-Nord, Zollenspieker-Querweg.
Bereits am 26. Juni 1912 sah sich die Betriebsleitung der BGE zur Erhöhung der Sicherheit dazu veranlaßt, einen Antrag auf Erweiterung der Anlagen und des zweigleisigen Betriebes zu stellen. Aus dem Schreiben vom 26. Juni 1912 an die Senatskommission hierzu auszugsweise:

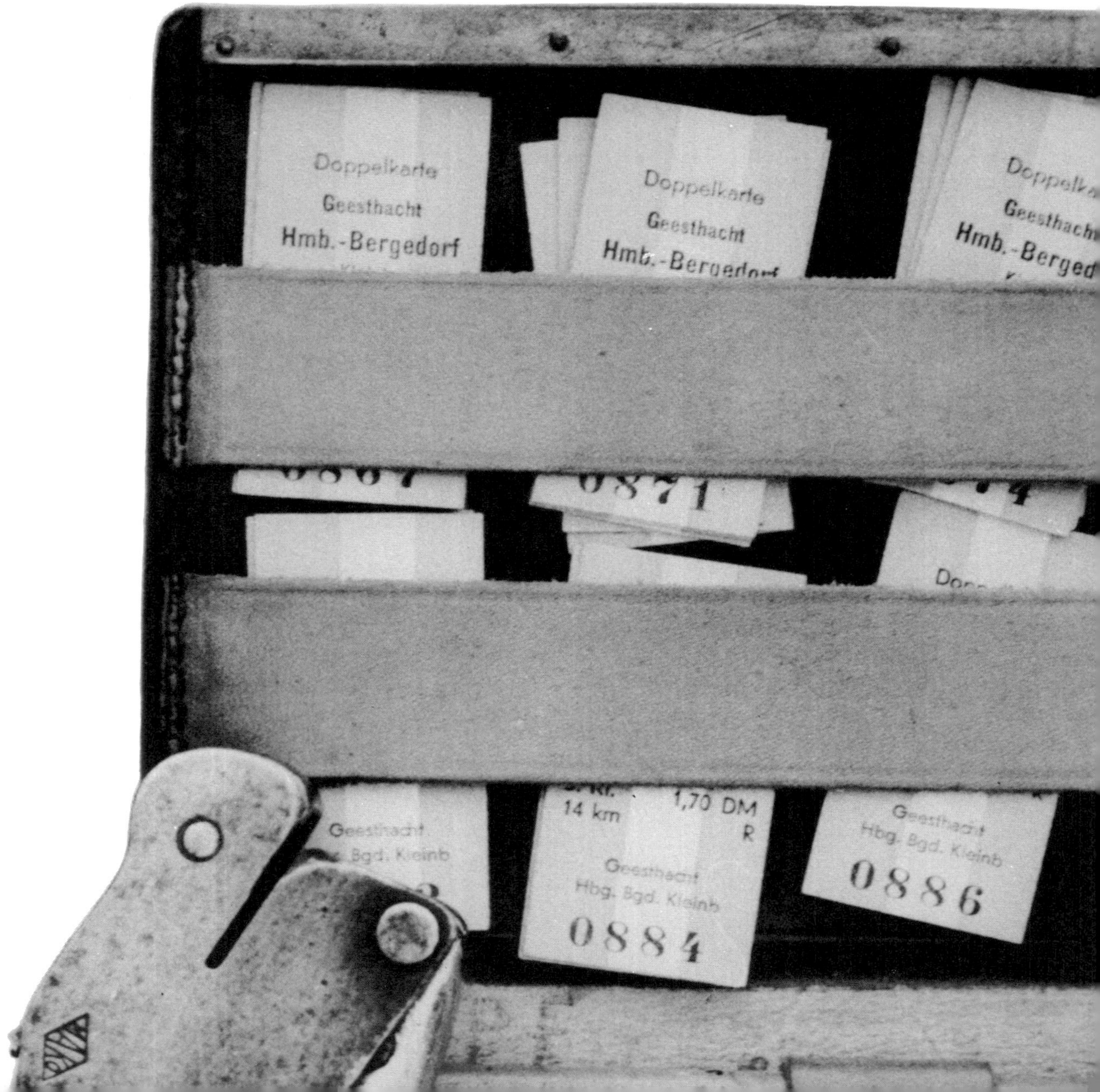
Doppelkarte
Geesthacht
Hmb.-Bergedorf
0871
Geesthacht
14 km
1,70 DM
R
Geesthacht
Hbg. Bgd. Kleinb
0884
Geesthacht
Hbg. Bgd. Kleinb
0886

3. Kl.
14 km
1,70 DM
R
0890
Geesthacht
Hbg. Bgd. Kleinb

Fahrplan für die Vierländer Eisenbahn.

Gültig für Monat April 1912.

Werktags.

Richtung von Bergedorf (Staatsb.) nach Zollenspieker.						Stationen	Richtung von Zollenspieker nach Bergedorf (Staatsb.)					
101	105	107	109	111	115	Zug Nr. / Zug Nr.	102	106	108	110	112	116
	† 6^{38}	9^{36}		† 2^{02}	7^{40}	ab Bergedorf (Staatsbhf.) an	4^{40}	† 7^{59}	10^{54}	1^{18}	† 3^{50}	8^{50}
	6^{41}	9^{41}		2^{07}	7^{45}	an " Süd ab	4^{35}	7^{47}	10^{49}	1^{08}	3^{36}	8^{45}
3^{28}	6^{46}	9^{42}	12^{15}	2^{12}	7^{46}	ab " Süd an	4^{34}	7^{39}	10^{48}	1^{07}	3^{34}	8^{44}
3^{32}	6^{50}	9^{46}	12^{19}	2^{16}	7^{50}	Pollhof	4^{30}	7^{35}	10^{44}	1^{03}	3^{30}	8^{40}
3^{35}	6^{55}	9^{51}	12^{24}	2^{21}	7^{55}	Curslack-Neuengamme	4^{25}	7^{30}	10^{39}	12^{58}	3^{15}	8^{35}
3^{44}	7^{01}	9^{56}	12^{31}	2^{28}	8^{02}	Kirchwärder-Nord	4^{18}	7^{21}	10^{32}	12^{51}	3^{08}	8^{28}
4^{02}	7^{09}	10^{06}	12^{39}	2^{36}	8^{10}	an Zollenspieker ab	4^{10}	7^{15}	10^{24}	12^{45}	3^{00}	8^{20}

Anschlüsse an die Staatsbahn.

	6^{05}	9^{08}		1^{39}	6^{57}	ab Hamburg an	5^{24}	8^{32}	11^{33}	1^{58}	4^{12}	9^{33}
	6^{22}	9^{26}		1^{53}	7^{26}	an Bergedorf ab	4^{55}	8^{01}	11^{01}	1^{21}	3^{52}	9^{01}
	4^{51}	8^{32}		1^{09} Friedrichsruh	6^{55} Aumühle	ab Büchen an	6^{01}	9^{02}	11^{52} Aumühle	2^{44}	4^{42}	9^{02} Schwarzenbek
	5^{28}	9^{10}		1^{20}	7^{12}	an Bergedorf ab	5^{32}	8^{14}	11^{36}	1^{56}	3^{56}	8^{37}

Sonn- und Festtags.

Richtung von Bergedorf (Staatsb.) nach Zollenspieker.								Stationen	Richtung von Zollenspieker nach Bergedorf (Staatsb.)							
151	153	155	157	159	161	163	165	Zug Nr. / Zug Nr.	152	154	156	158	160	162	164	166
† 5^{32}	8^{20}	10^{54}	12^{44}	3^{12}	6^{20}	8^{13}	10^{35}	ab Bergedorf (Staatsbhf.) an	7^{34}	9^{40}	11^{57}	2^{14}	4^{50}	7^{50}	10^{01}	11^{40}
5^{41}	8^{25}	10^{59}	12^{49}	3^{17}	6^{25}	8^{18}	10^{40}	an " Süd ab	7^{29}	9^{35}	11^{52}	2^{09}	4^{45}	7^{45}	9^{56}	11^{35}
5^{45}	8^{26}	11^{00}	12^{50}	3^{18}	6^{26}	8^{17}	10^{41}	ab " Süd an	7^{28}	9^{34}	11^{51}	2^{08}	4^{44}	7^{44}	9^{55}	11^{34}
5^{49}	8^{30}	11^{04}	12^{55}	3^{22}	6^{30}	8^{21}	10^{45}	Pollhof	7^{24}	9^{30}	11^{47}	2^{04}	4^{40}	7^{40}	9^{51}	11^{30}
5^{54}	8^{35}	11^{09}	1^{00}	3^{27}	6^{35}	8^{26}	10^{50}	Curslack-Neuengamme	7^{19}	9^{25}	11^{42}	1^{59}	4^{35}	7^{35}	9^{46}	11^{25}
6^{01}	8^{42}	11^{16}	1^{07}	3^{34}	6^{42}	8^{33}	10^{57}	Kirchwärder-Nord	7^{12}	9^{18}	11^{35}	1^{52}	4^{28}	7^{28}	9^{39}	11^{18}
6^{09}	8^{50}	11^{24}	1^{15}	3^{42}	7^{00}	8^{41}	11^{05}	an Zollenspieker ab	7^{04}	9^{10}	11^{27}	1^{44}	4^{20}	7^{20}	9^{31}	11^{10}

Anschlüsse an die Staatsbahn.

4^{55}	7^{46}	10^{09}	11^{46}	2^{26}	5^{19}	7^{25}	9^{20}	ab Hamburg an	8^{16}	10^{23}	12^{53}	2^{58}	5^{32}	8^{33}	10^{53}	12^{23}
5^{22}	8^{14}	10^{33}	12^{13}	2^{55}	6^{02}	7^{50}	10^{26}	an Bergedorf ab	7^{45}	9^{51}	12^{23}	2^{21}	5^{00}	8^{02}	10^{22}	11^{51}
4^{25}	7^{52} Friedrichsruh	9^{35}	11^{30}	1^{50} Schwarzenbek	5^{02}	7^{05}	9^{37} Schwarzenbek	ab Büchen an	9^{02}	10^{00} Aumühle	12^{32} Friedrichsruh	3^{09} Schwarzenbek	5^{31} Aumühle	8^{12} Aumühle	11^{12}	12^{35}
5^{25}	8^{11}	10^{08}	12^{22}	2^{21}	5^{51}	7^{51}	10^{25}	an Bergedorf ab	8^{16}	9^{45}	12^{14}	2^{32}	5^{18}	7^{51}	10^{25}	11^{54}

Die Morgen- und Abendzeiten sind durch Unterstreichen der Minutenzahlen gekennzeichnet.
Bei den mit † bezeichneten Zügen muß in Bergedorf-Süd umgestiegen werden.

Bergedorf, im März 1912.

Die Betriebsleitung.

Bild oben: Bahnhof Bergedorf-Süd 1909. Links im Bild der Wagenreparaturschuppen, daneben der Lokschuppen (die beiden offenen Tore), dahinter der Wasserturm. In der Mitte und rechts im Bild die Nebengebäude sowie das Empfangsgebäude, woran rechts der kleine Güterschuppen anschließt.

Bild links: Erster Fahrplan der neueröffneten Vierländer Eisenbahn 1912.

Bild rechts: Bahnhof Bergedorf-Nord der Bergedorf-Geesthachter Eisenbahn zusammen mit dem Bahnhof Bergedorf der Staatsbahn. Rechts in der Bildmitte zwei Personenzüge der BGE, links davon ein Staatsbahnzug in Richtung Hamburg. Im Vordergrund sind der Wasserturm der BGE, rechts davon der alte Lokschuppen der Staatsbahn sowie die Bahnmeisterei zu erkennen. Im Vordergrund die Kampstraße.

Erste Sonderfahrt auf der noch im Bau befindlichen Vierländer Eisenbahn mit geladenen Gästen im Oktober 1911. (Offizieller Betriebsbeginn war der 1. April 1912.) Im Bild die Lok 5 (1911 gebaut von Hanomag) und die Wagen 8 und 17 (Görlitz). Bild unten: Erste Erweiterung des Bahnhofes Bergedorf-Staatsbahn 1911 für die Einführung der Vierländer Bahn auf einem eigenen Gleis. Da jetzt der Bau eines normalen Umlaufgleises nicht mehr möglich war, baute man für die Verschiebung der Loks eine Schiebebühne ein (in der Bildmitte schraffiert).

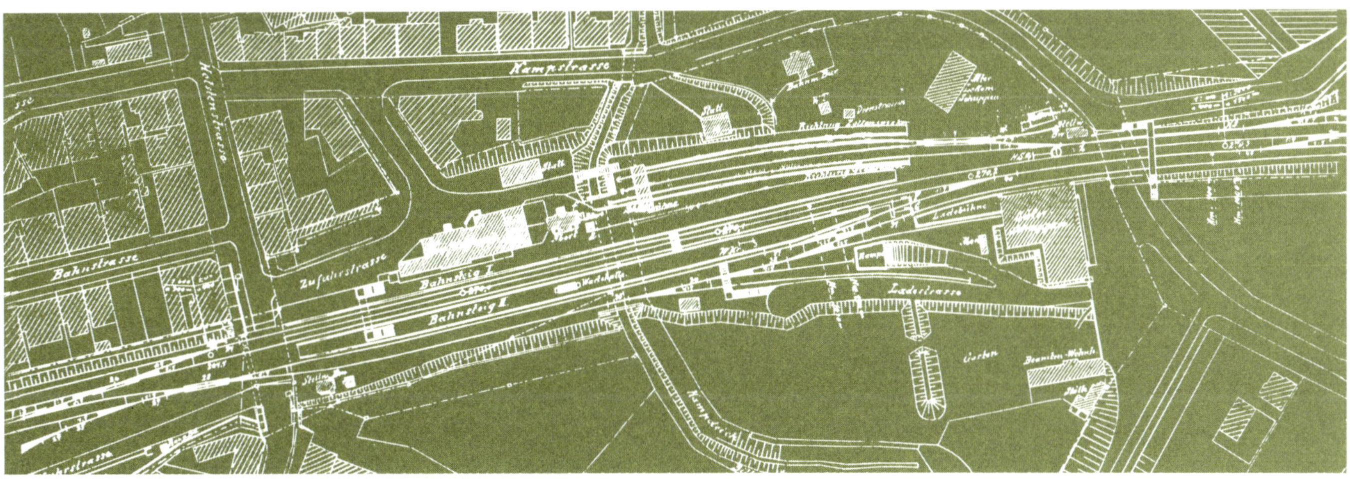

Mit der Einführung der Vierländer Bahn in den Bergedorfer Kleinbahnhof am Staatsbahnhof wurde ein weiteres Bahnsteiggleis für die Züge in Richtung Zollenspieker erforderlich. Um bei den beengten Verhältnissen zwischen der Kampstraße und dem Empfangsgebäude der Staatsbahn auf eine ausreichende Gleislänge am Bahnsteig zu kommen, mußte man hier zu einer wohl einmaligen Lösung kommen: Da für Weichen zum Umlaufen der Lok kein Platz mehr vorhanden war, verfiel man auf die Lösung, die Loks mittels Schiebebühne ins Umlaufgleis zu verschieben. Der Zug fuhr in den Bahnhof ein, die Lok wurde abgekuppelt und fuhr auf diese Schiebebühne. Dann wurde sie per Handantrieb zum Umlaufgleis verschoben und konnte dann zum anderen Ende des Zuges fahren. In der Zeit des stärksten Betriebs (im 1. Weltkrieg) mußten die Lokführer sogar mit dem einfahrenden Zug eine wahre Millimeterarbeit verrichten. Sie hatten, aufgrund der Länge der Züge, ihre Lok (vor dem Zug!) genau auf der Schiebebühne zum Halten zu bringen. Erst dann wurde die Lokomotive abgekuppelt und zum Umlaufgleis verschoben.

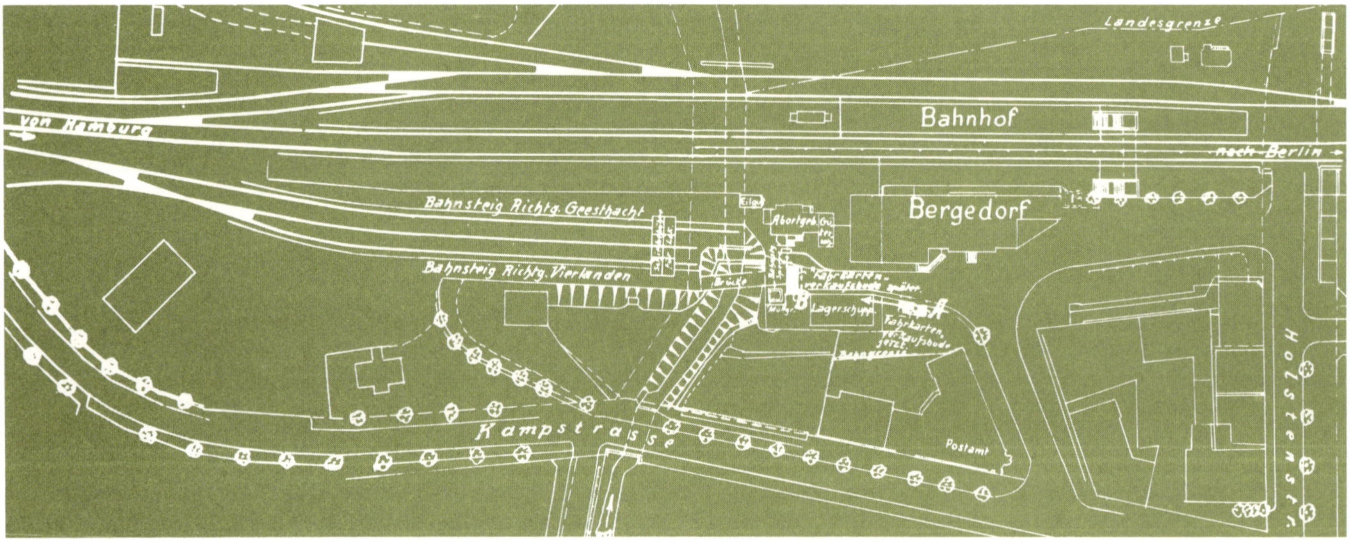

»Der fortwährend zunehmende Verkehr, hauptsächlich der Sonntagsverkehr nach Geesthacht und Vierlanden, ferner die Durchführung der Vierländer Züge bis zum Staatsbahnhof haben eine große Überlastung des Bahnhofes Bergedorf-Süd hervorgerufen. Da einem doppelgleisigen Ausbau der meistbefahrenen Strecke zwischen den Bergedorfer Bahnhöfen wegen Verlegung der Abkürzungskurve für Personenzüge und wegen des in Aussicht genommenen Umbaues des Staatsbahnhofes große Schwierigkeiten entgegenstehen, haben wir uns entschlossen, vorläufig neben der Erweiterung des Bahnhofes Bergedorf-Süd auch noch die Strecke von hier ... zweigleisig auszubauen, um so den genannten Bahnhof wirksam zu entlasten und Verkehrsstockungen zu begegnen. ...«

Im Geschäftsjahr 1912/13 konnte auf dem jetzt erstmals Bergedorf-Nord genannten Bahnhof der BGE am Staatsbahnhof in Bergedorf elektrische Beleuchtung anstelle von Gas eingeführt werden.

Die Bahnsteigerweiterungen Bergedorf-Süd, Börnsen und Düneberg wurden fertiggestellt, damit wegen der Verkehrszunahme jetzt auch längere Züge gefahren werden konnten.

Am 1. Oktober 1912 erfolgte die Errichtung des Anschlußgleises für die Glasfabrik von Wilhelm Möller am Rande der Besenhorster Sandberge.

In diesem Jahr konnte eine Dividende von 7% ausgeschüttet werden.

Alle Personenwagen und mehrere Güterwagen wurden mit einer Luftsaugbremse versehen, da die bisherige Görlitzer Gewichtsbremse für längere Züge nicht mehr brauchbar war. Ab 1. April 1913 konnten alle Personenwagen mit der neuen Bremse gebremst werden.

Im Geschäftsjahr 1913/14 wurde das Empfangsgebäude Bergedorf-Süd um Warteräume III. Klasse und um Schalterräume erweitert.

Die Neuestraße (heute Neuer Weg) und der Neuedeich erhielten Schranken. Am Bahnhof Holtenklinke wurden ebenfalls die Bahnsteige verlängert.

Fahrplan

der

Bergedorf-Geesthachter Eisenbahn.

Gültig für die Zeit vom 1. Oktober 1911 ab.

Richtung von Bergedorf (Staatsb.) nach Geesthacht

Zug No.	1	3	5	53	7	9	11	13	15	17	19	21	51	Stationen
ab		$5^{\underline{36}}$	6^{36}	7^{22}	8^{52}	10^{42}	12^{28}	2^{02}	4^{02}	$6^{\underline{20}}$	$8^{\underline{06}}$	$9^{\underline{50}}$	$12^{\underline{24}}$	Bergedorf Stsh.
an		$5^{\underline{41}}$	6^{41}	7^{27}	8^{57}	10^{47}	12^{33}	2^{07}	4^{07}	$6^{\underline{25}}$	$8^{\underline{11}}$	$9^{\underline{55}}$	$12^{\underline{29}}$	„ Süd
ab	$4^{\underline{40}}$	$5^{\underline{42}}$	6^{43}	7^{28}	8^{58}	10^{48}	12^{34}	2^{08}	4^{08}	$6^{\underline{26}}$	$8^{\underline{12}}$	$9^{\underline{56}}$	$12^{\underline{30}}$	„ Süd
	$4^{\underline{45}}$	$5^{\underline{47}}$	6^{48}	7^{33}	9^{03}	10^{53}	12^{39}	2^{13}	4^{13}	$6^{\underline{31}}$	$8^{\underline{17}}$	$10^{\underline{01}}$	$12^{\underline{35}}$	Holtenklinke
	$4^{\underline{50}}$	$5^{\underline{52}}$	6^{53}	7^{38}	9^{08}	10^{58}	12^{44}	2^{18}	4^{18}	$6^{\underline{36}}$	$8^{\underline{22}}$	$10^{\underline{06}}$	$12^{\underline{40}}$	Börnsen
	$4^{\underline{55}}$	$5^{\underline{57}}$	6^{58}	7^{43}	9^{13}	11^{04}	12^{49}	2^{23}	4^{23}	$6^{\underline{41}}$	$8^{\underline{28}}$	$10^{\underline{12}}$	$12^{\underline{45}}$	Escheburg
	$5^{\underline{00}}$	6^{02}	7^{03}	7^{48}	9^{18}	11^{09}	12^{54}	2^{28}	4^{28}	$6^{\underline{46}}$	$8^{\underline{33}}$	$10^{\underline{17}}$	$12^{\underline{50}}$	Besenhorst
	$5^{\underline{04}}$	6^{06}	7^{07}	7^{52}	9^{22}	11^{14}	12^{58}	2^{32}	4^{32}	$6^{\underline{50}}$	$8^{\underline{38}}$	$10^{\underline{21}}$	$12^{\underline{54}}$	Düneberg
an	$5^{\underline{06}}$	6^{08}	7^{09}	7^{54}	9^{24}	11^{16}	1^{00}	2^{34}	4^{34}	$6^{\underline{52}}$	$8^{\underline{40}}$	$10^{\underline{23}}$	$12^{\underline{56}}$	Geesthacht
	Nur Werktags.	Nur Sonn- und Feiertags / Nur Sonn- und Feiertags, sowie Werktags in den Monaten Oktober und April	Nur Werktags.	Nur Sonn- und Feiertags.									Nur Sonn- und Feiertags sowie Mittwochs u. Sonnabends.	

Richtung von Geesthacht nach Bergedorf (Staatsb.)

Stationen	Zug No.	2	4	6	54	8	10	12	14	16	18	20	22	52
Bergedorf Stsh.	an	$5^{\underline{46}}$	6^{48}	7^{52}	8^{30}	10^{14}	12^{08}	1^{44}	3^{40}	5^{42}	$7^{\underline{38}}$	$9^{\underline{30}}$	$11^{\underline{02}}$	
„ Süd	ab	$5^{\underline{41}}$	6^{43}	7^{47}	8^{25}	10^{09}	12^{03}	1^{39}	3^{35}	5^{37}	$7^{\underline{33}}$	$9^{\underline{25}}$	$10^{\underline{57}}$	
„ Süd	an	$5^{\underline{40}}$	6^{42}	7^{46}	8^{24}	10^{08}	12^{02}	1^{38}	3^{33}	5^{36}	$7^{\underline{32}}$	$9^{\underline{24}}$	$10^{\underline{56}}$	$1^{\underline{28}}$
Holtenklinke		$5^{\underline{35}}$	6^{37}	7^{41}	8^{19}	10^{03}	11^{57}	1^{33}	3^{28}	5^{31}	$7^{\underline{27}}$	$9^{\underline{19}}$	$10^{\underline{51}}$	$1^{\underline{23}}$
Börnsen		$5^{\underline{30}}$	6^{32}	7^{36}	8^{14}	9^{58}	11^{52}	1^{28}	3^{23}	5^{26}	$7^{\underline{22}}$	$9^{\underline{14}}$	$10^{\underline{46}}$	$1^{\underline{18}}$
Escheburg		$5^{\underline{25}}$	6^{27}	7^{31}	8^{09}	9^{53}	11^{47}	1^{23}	3^{17}	5^{21}	$7^{\underline{17}}$	$9^{\underline{09}}$	$10^{\underline{41}}$	$1^{\underline{13}}$
Besenhorst		$5^{\underline{20}}$	6^{21}	7^{26}	8^{04}	9^{48}	11^{42}	1^{18}	3^{12}	5^{16}	$7^{\underline{12}}$	$9^{\underline{04}}$	$10^{\underline{36}}$	$1^{\underline{08}}$
Düneberg		$5^{\underline{16}}$	6^{16}	7^{22}	8^{00}	9^{44}	11^{37}	1^{14}	3^{08}	5^{12}	$7^{\underline{08}}$	$9^{\underline{00}}$	$10^{\underline{32}}$	$1^{\underline{04}}$
Geesthacht	ab	$5^{\underline{14}}$	6^{14}	7^{20}	7^{58}	9^{42}	11^{35}	1^{12}	3^{06}	5^{10}	$7^{\underline{06}}$	$8^{\underline{58}}$	$10^{\underline{30}}$	$1^{\underline{02}}$
		Nur Werktags.	Nur Sonn- und Feiertags, sowie Werktags in den Monaten Oktober und April	Nur Werktags.	Nur Sonn- und Feiertags.									Nur Sonn- und Feiertags sowie Mittwochs u. Sonnabends.

Anschlüsse an die Staatsbahn.

ab	F $4^{\underline{55}}$	F 6^{05}	6^{46}	SF 7^{46} WF 8^{16}	F 10^{09}	11^{46}	F 1^{16} F 1^{32}	3^{16} F 3^{34}	F 5^{39} WF 5^{53}	$7^{\underline{26}}$	F $9^{\underline{10}}$	$11^{\underline{46}}$	Hamburg	an	6^{25}	7^{29}	8^{32}	9^{06}	10^{54}	12^{53}	W 2^{23} ■ 2^{33}	4^{12}	$6^{\underline{23}}$	$8^{\underline{09}}$ ■ $8^{\underline{33}}$	$10^{\underline{18}}$	W $11^{\underline{48}}$ ■ $11^{\underline{53}}$
an	$5^{\underline{29}}$	6^{22}	7^{15}	8^{15} 8^{45}	10^{34}	12^{13}	1^{45} 1^{54}	3^{45} 3^{55}	$6^{\underline{08}}$ $6^{\underline{15}}$	$7^{\underline{55}}$	$9^{\underline{38}}$	$12^{\underline{15}}$	Bergedorf	ab	$5^{\underline{54}}$	6^{57}	8^{01}	8^{41}	10^{29}	12^{23}	1^{51} 2^{01}	3^{52}	5^{51}	$7^{\underline{50}}$ $8^{\underline{00}}$	$9^{\underline{41}}$	$11^{\underline{12}}$ $11^{\underline{16}}$

ab	$4^{\underline{38}}$	$4^{\underline{51}}$	6^{07}	7^{37}	9^{35}	11^{39}	1^{02}	3^{02}	5^{02}	$6^{\underline{57}}$	$9^{\underline{10}}$	$10^{\underline{50}}$	Büchen	an	6^{14}	8^{02}	9^{02}	10^{16}	11^{30}	12^{32}	2^{44}	4^{02} 4^{42}	$6^{\underline{38}}$	$8^{\underline{12}}$	$10^{\underline{32}}$	$11^{\underline{40}}$
an	$5^{\underline{08}}$	$5^{\underline{48}}$	6^{56}	8^{38}	10^{28}	12^{22}	1^{20}	3^{51}	5^{50}	$7^{\underline{48}}$	$9^{\underline{40}}$	$11^{\underline{50}}$	Bergedorf	ab	$5^{\underline{58}}$	7^{16}	8^{14}	9^{29}	10^{35}	12^{14}	1^{55}	3^{46} 3^{56}	5^{49}	$7^{\underline{56}}$	$9^{\underline{39}}$	$11^{\underline{21}}$
							Friedrichsruh				Schwarzenbek				Aumühle					Friedrichsruh		Aumühle		Aumühle		Aumühle

Die Züge 1, 2, 5 u. 6 verkehren nur Werktags; die Züge 3, 4, 51, 52, 53, u. 54 verkehren nur Sonntags und Feiertags; die Züge 51 u. 52 ausserdem auch Mittwochs und Sonnabends; die Züge 3 u. 4 in den Monaten Oktober und April auch Werktags

Die Morgen- und Abendzeiten sind durch Unterstreichen der Minutenzahlen gekennzeichnet.
Die mit F bezeichneten Züge fahren in der Regel in Hamburg Hauptbahnhof Bahnsteig 2 ab.
„ „ W „ „ der Staatsbahn verkehren nur Werktags.

Bergedorf, im August 1911.

Die Betriebsleitung.

Sonntagsfahrkarten Bergedorf-Geesthacht sind auch auf sämtlichen von Altona Hauptbahnhof bis Tiefstack liegenden Stationen der Vorortsbahn zu haben; ausserdem liegen auf Hamburg Hauptbahnhof **Wochentagsfahrkarten** Bergedorf-Geesthacht aus. — Fahrkarten Bergedorf-Hamburg sind auf allen Stationen dieser Bahn zu haben.

Fahrplan der Bergedorf-Geesthachter-Eisenbahn 1911.

Die Bahn im Ersten Weltkrieg

Im Geschäftsjahr 1914/15 erhielt der Weidenbaumsweg in Bergedorf Schranken. Das Anschlußgleis der Blohm'schen Ziegelei wurde aufgehoben, da diese Firma ihren Betrieb einstellte.
Am Bahnhof Düneberg gab es jetzt eine große offene Wartehalle.
Im August 1914 begann dann der Erste Weltkrieg. Auf die Bergedorf-Geesthachter Eisenbahn kamen nun Aufgaben zu, mit denen bei der Planung der Bahn niemand rechnen konnte. In Friedenszeiten befuhren bisher etwa 12 bis 14 Personenzugpaare die Stammstrecke nach Geesthacht. Aber bereits im Dezember 1914 verkehrten täglich 22 Zugpaare, die Beförderungszahl belief sich auf 82000 Personen.
Bei Beginn des Krieges besaß die BGE rund 20 Personenwagen. Der enorme Beförderungsanstieg erforderte aber bereits im Mai 1915 die Beschaffung weiterer Personenwagen »III. Klasse zur Arbeiterbeförderung« bei der Firma Fabrikation von Eisenbahnmaterial zu Görlitz. Es fuhren jetzt in beiden Richtungen zwischen Bergedorf und Geesthacht werktäglich etwa 44 Züge! Die Anzahl der beförderten Personen erreichte im Dezember 1916 274.000. Weitere erhebliche Steigerungen standen noch bevor, da die Pulverfabriken in Düneberg und Krümmel den Betrieb stark erweiterten.

War bisher der Bau eines Anschlußgleises zur Krümmeler Pulverfabrik aus Kostengründen (Bau der Bahn am steilen und damit kostenintensiven Steilufer der Elbe) zurückgestellt worden, so spielten jetzt — im Krieg — die Kosten keine Rolle mehr. Unter Einsatz von vielen Kriegsgefangenen begann man mit dem Bau im Oktober 1915, zunächst bis zum Bahnhof Krümmel.
Da in den Munitionsfabriken ein Schichtwechsel um 6.00 Uhr und um 9.00 Uhr stattfand, drängten sich in dieser Zeit die Züge dicht zusammen; es fuhren dann bis zu drei Züge mit je etwa 700 Personen kurz nacheinander, und während dieser dichten Zugfolge befanden sich besonders bei Zugverspätungen teilweise mehrere Züge gleichzeitig

Bilder Mitte: Bau der Krümmel-Bahn im Ersten Weltkrieg. Das Foto entstand 1916/17 und zeigt, welche großen Erdbewegungen hier erforderlich wurden, um den Bahndamm zu bauen. Das Steilufer der Geest reichte hier ja bis unmittelbar an die Elbe heran. Der Bahndamm (und die danebenliegende Straße) mußte daher erst am Ufer der Elbe aufgeschüttet werden. Diese mühsame Arbeit wurde zum großen Teil von Kriegsgefangenen erledigt. Ihre Bewachung ist auf den Fotos gut zu erkennen.

Bild rechts: Der bei dem Unfall am 30. 12. 1916 in der Nähe des Bahnhofes Bergedorf-Süd stark beschädigte Wagen 6 der BGE.

zwischen Bergedorf-Süd und Geesthacht. Diese Stationen dienten im allgemeinen allein als Zugmeldestationen. Die Züge mußten also dann im allgemeinen auf Sicht fahren, d. h. es war dem verantwortlichen Zugpersonal streckenweise überlassen, durch sorgfältige Beobachtung der vor ihnen liegenden Strecke einen Zusammenstoß mit einem vorausfahrenden Zug zu vermeiden.

Am 24. Januar 1917 stellte daher bereits die Senatskommission für Eisenbahnangelegenheiten in Hamburg fest: *»Ein solches Fahren auf Sicht widerspricht den preußischen Betriebsvorschriften für Kleinbahnen... Es muß daher gefordert werden, daß in Zukunft zwischen zwei Zugmeldestationen stets nur ein Zug sich zur Zeit befindet und daß mit Rücksicht hierauf die Zwischenstationen mit beeidigtem Bahnpersonal besetzt und als Zugmeldestationen benutzt werden...*

...; wenn auch die Bergedorf-Geesthachter Bahn als Kleinbahn im Sinne der preußischen Eisenbahnbestim-

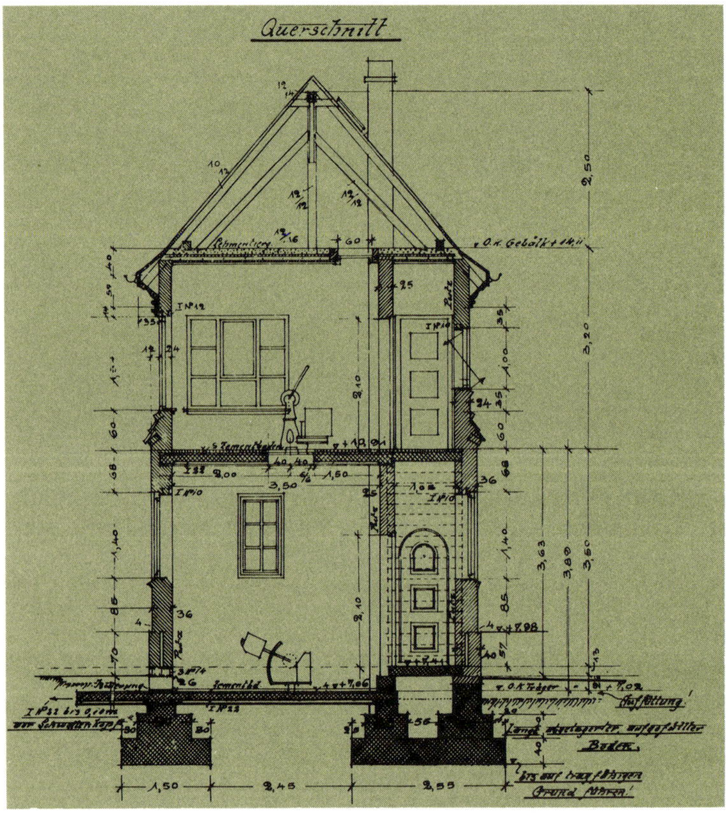

Befehlsstellwerk »Bsw« am Neuen Weg in Bergedorf. Mit dem Ausbau der Signal- und Sicherungsanlagen 1918 wurden auch die ersten Stellwerke für die BGE an ihrer eigenen Strecke gebaut (bisher benutzte die BGE als einziges Stellwerk das am Bahnhof Nord gelegene Staatsbahnstellwerk mit). Das im Bild gezeigte Stellwerk »Bsw« bediente die Aus- und Einfahrtsignale Richtung Staatsbahnübergabegleise bzw. Bahnhof Bergedorf-Nord und die dazugehörenden Weichen im Auftrage des Fahrdienstleiters auf dem Stellwerk »Bso« (östlich vom Bahnhof Bergedorf-Süd«). Außerdem wurden von »Bsw« die Schranken am Neuen Weg und am Neuen Deich bedient.

Bild oben: Erstes Kassenhäuschen der BGE am Bahnhof Bergedorf-Staatsbahn (Nord), erbaut. Im Hintergrund ist die Rückwand der alten Post (abgerissen 1977) zu erkennen. Vergl. a. Abb.

Bild unten: Dienstraum der Bergedorf-Geesthachter-Eisenbahn am Bahnhof Bergedorf-Nord. Dieses Gebäude wurde bei der Höherlegung des Bahnhofes abgerissen und am Bahnhof Fünfhausen der Hamburger Marschbahn wieder aufgebaut. Dort ist es heute noch zu sehen.

Erste Bahnsteigsperren der BGE am Bahnhof Bergedorf-Staatsbahn (Bergedorf-Nord), 1918.

Bahnhof Bergedorf-Süd, aufgenommen im Juni 1918. Links im Bild die Bahnhofsgaststätte, die erst später als das Empfangsgebäude erbaut wurde. In der Mitte des Bildes befindet sich das Bahnhofsbüro mit dem Fahrkartenschalter und den Warteräumen, davor die Sperren, rechts der Güterschuppen mit der Laderampe. Im Vordergrund der Übergang zum Bahnsteig 2, von dem aus die Züge nach Geesthacht und Zollenspieker abfuhren. Die Züge aus Geesthacht kamen am Bahnsteig 1 an, die aus Zollenspieker ebenfalls am Bahnsteig 2. Dieser Übergang wurde beim zweiten zweigleisigen Ausbau der Geesthachter Strecke zur Sicherung der Fahrgäste mit einer handbedienten Schranke versehen.

mungen charakterisiert ist, hat sie doch durch den gesteigerten Verkehr eine darüber hinausgehende Bedeutung erlangt, und es ist zur Vermeidung von Gefahren eine Streckenblockung erforderlich.
Die Einführung von Signalen und Signalsicherungen ist für den zweigleisigen Ausbau (mit dem schon im Oktober 1916 begonnen wurde) bereits von der Senatskommission für die Eisenbahnangelegenheiten gefordert, und es wird auf eine tunlichste Beschleunigung hinzuwirken sein.«...
Wie bereits gesagt, es war beim Bau der Bahn niemals ein derartiger Verkehrsaufschwung zu erwarten. Noch im November 1914 wurden »nur« 69 266 Personen und 12 000 t Güter befördert. Ein Jahr später, im November 1915, waren es bereits 137 820 Personen und 17 700 t Güter und wieder ein Jahr später, im November 1916, bereits 249 884 Personen und 30 000 t Güter.
Um dieser gewaltigen Verkehrssteigerung, die mit den vorgenannten Zahlen noch nicht ihren Höhepunkt erreicht hatte, Herr zu werden, beantragte die Bergedorf-Geesthachter-Eisenbahn-Gesellschaft (zusätzlich zum zweigleisigen Ausbau, der zügig vorankam) die Überwei-

Bild oben:
Lokschuppen Bergedorf-Süd 1918. Der stark angestiegene Verkehr forderte eine ständige Erweiterung des Lokschuppens, der jetzt Platz für 16 Loks hatte.
Bild rechts: Dienstraum und Haltestelle Holtenklinke. Dieses Foto entstand 1918 und zeigt als Dienstraum die damals mehrfach vorhandene »Einheitsbauweise« der BGE. Außerdem sind die ersten Schranken am Curslacker Heerweg zu erkennen. Der Dienstraum stand noch bis etwa 1950 und diente nach der Erbauung des neuen Bahnhofsgebäudes als Abstellraum. Die Bahnsteigkante vor dem Dienstraum ist heute (1977) noch vorhanden.

Bild links: Stellwerk Geesthacht, erbaut 1918.

Bahnhof Börnsen der Bergedorf-Geesthachter-Eisenbahn etwa 1917. Der zweigleisige Ausbau ist noch nicht erfolgt. Es besteht im Bahnhof lediglich ein Ausweich- bzw. Überholgleis, auch fehlen noch die jedoch bald hinzukommenden Sperren.

Bild unten: Bahnhof Escheburg 1918.

Dem Fahrdienstleiterstellwerk »Bso« am Bahnhof Bergedorf-Süd war das Stellwerk »Bsw« unterstellt. Das Stellwerk »Bso« lag etwa 100 m östlich vom Bahnsteigende, bediente die restlichen ferngesteuerten Weichen des Bahnhofes Bergedorf-Süd sowie die Ausfahrt- bzw. Einfahrtsignale nach/von Zollenspieker bzw. Geesthacht. Dieses Stellwerk wurde 1918 erbaut. Bild Mitte: Bahnhof Düneberg mit der ersten Schrankenanlage 1918. Im linken Gebäudeteil ist das erste Empfangsgebäude, das in diesen Bau mit einbezogen wurde, noch gut zu erkennen.

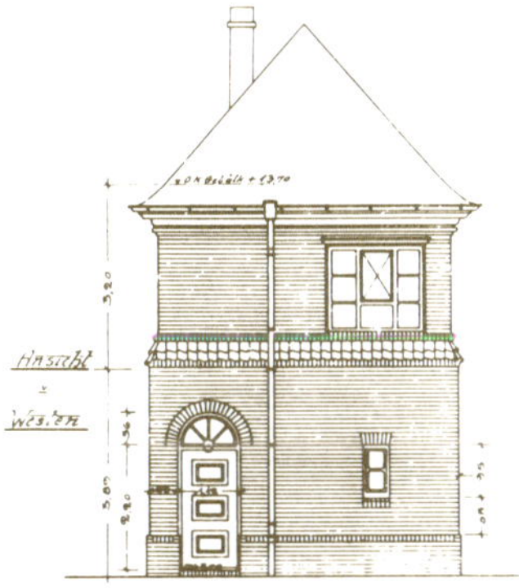

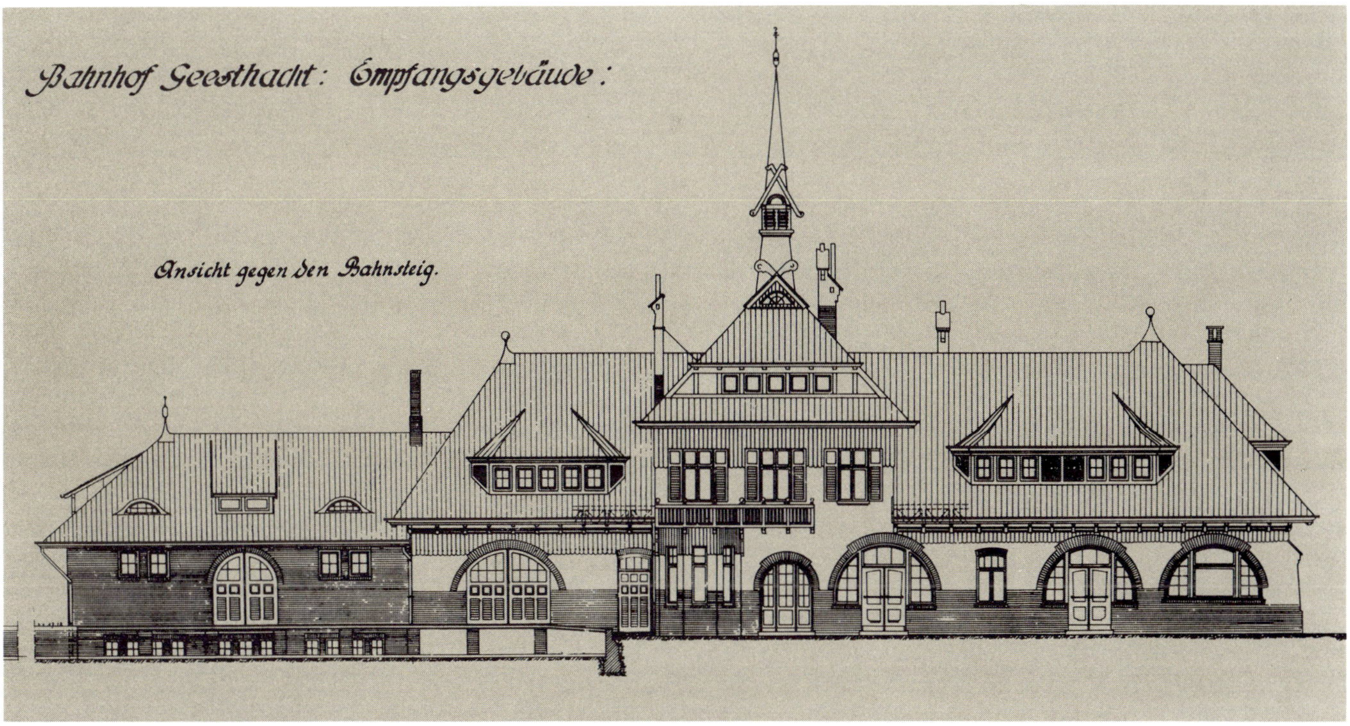

Bild Mitte: 1917/18 wurde auch der Geesthachter Bahnhof erweitert.

Bild unten: Bahnhof Besenhorst von 1918 bis 1929.

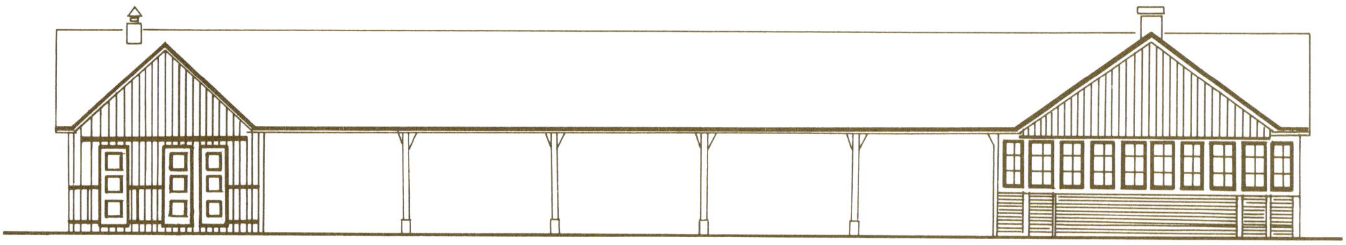

sung von Staatsbahnpersonal. Es wurden Ende 1916 sofort für die BGE 23 Beamte und Hilfsbeamte, 44 Oberbauarbeiter und 6 Schlosser, zusammen also 73 Personen überwiesen. Auch für den Ausbau des zweiten Gleises gab es sofort 6 Leute (Reg. Baumeister, Ingenieure, Techniker und Verwaltungsbeamte). Die Preußische Staatsbahn-Verwaltung hatte 5 Lokomotiven und 15 Personenwagen leihweise abgegeben. Anfang Januar 1917 gliederte man aufgrund eines Antrages der Bergedorf-Geesthachter Eisenbahn vom 4. Januar 1917 zusätzlich jeweils 4 Assistenten, Schlosser, Zugführer, Bremser, Rangierer, Lokomotivheizer, Schaffner und Packmeister, 5 Lokomotivführer und 10 Weichensteller von der Staatsbahn ein.

Anlaß für diese Veränderungen war wohl ein Ereignis, das unmittelbar und in der Folgezeit starke Schatten auf die BGE werfen sollte: Am 30. Dezember 1916 stießen durch einen Fehler des Fahrdienstleiters in Bergedorf-Süd zwischen diesem Bahnhof und Holtenklinke zwei Züge frontal zusammen, einer von ihnen war mit 400 Arbeitern der Pulverfabriken besetzt. Während die Lokomotiven nur leicht beschädigt wurden, übte der Wagenzug des einen Zuges eine solche Schubkraft aus, daß der hinter der Lok laufende Packwagen ganz zertrümmerte und die Plattformen zweier Personenwagen sich ineinanderdrückten. Dieser Unfall forderte 4 Tote, 15 Schwer- und 20 Leichtverletzte, darunter Zugführer und Heizer. Dieses Ereignis trieb sodann die Verantwortlichen bezüglich des zweigleisigen Ausbaues der Strecke zur Eile, woran auch die Militärverwaltung maßgeblich beteiligt war.

Erst mit dem von der Staatsbahn übernommenen und dem noch vorhandenen eigenen Personal war es möglich, die Bahnhöfe und Streckenabschnitte ausreichend zu besetzen und einen geregelten Tag- und Nachtbetrieb durchzuführen. Das Gesamtpersonal durfte nicht gewechselt werden und war somit gegen Einberufung geschützt.

Eine wichtige Verbesserung trat am 15. Februar 1917 ein. Bis dahin wurde ein provisorisches Verbindungsgleis zur Staatsbahn unter Umgehung des Bahnhofs Bergedorf-Nord fertiggestellt. Die in Hamburg wohnenden Arbeiter der Pulverfabriken konnten von diesem Zeitpunkt an durchgehende Arbeitszüge von Hamburg nach Geesthacht benutzen, die den Bahnhof Bergedorf-Nord nicht berührten — täglich vorerst 4 Zugpaare. Somit entfiel das umständliche und zeitraubende Umsteigen am Bergedorfer Bahnhof von den Staatsbahnzügen zu denen der Bergedorf-Geesthachter-Eisenbahn. Durch den vorgenannten Unfall war man wohl auch vorsichtig geworden und wollte auch am Bahnhof Bergedorf-Nord den Betrieb sicherer machen.

Was hier bisher von der Bergedorf-Geesthachter-Eisenbahn geleistet werden mußte, zeigt der nachfolgende Auszug aus einem Besichtigungsbericht »des Betriebes auf der Bergedorf-Geesthachter-Eisenbahn am 13. Januar 1917 zur Zeit des Arbeiterverkehrs«. An dieser Besichtigung nahmen verschiedene Herren der Landherrenschaft Bergedorf, der Senatskommission für die Eisenbahngelegenheiten und der Bergedorf-Geesthachter-Eisenbahn teil. In dem anschließend erstellten Bericht vom Regierungsrat Dr. Krüss von der Landherrenschaft Bergedorf heißt es u. a.:

»Es wurde von Hamburg aus der 4 Uhr 36 Minuten in Bergedorf eintreffende Zug benutzt und mit dem um 4 Uhr 46 Minuten abgehenden Zuge nach Geesthacht gefahren. Ankunft in Geesthacht 5 Uhr 26 Minuten. Der 5 Uhr 36 von Geesthacht abfahrende Zug wurde bis nach Düneberg benutzt und von dort um 6 Uhr mit dem nächsten Zuge nach Bergedorf-Süd zurückgefahren.

Bei dieser Fahrt wurden folgende Beobachtungen gemacht: 1) Bahnhof Bergedorf: Kurz vor Abfahrt des Zuges nach Geesthacht lief ein Arbeiterzug von Geesthacht ein. Der nach Geesthacht bestimmte Zug war so lang, daß das für das Umsetzen der Lokomotive bestimmte Überschiebgleis nach dem nördlichen Gleis hin, auf dem der nach Geesthacht bestimmte Zug hielt, hatte verschoben werden müssen und daß der letzte Wagen auf diesem Überschiebegleis stand, während die Lokomotive dieses Zuges soweit

Der von der Trifabrik in Düneberg erbaute Bahnhof Düneberg-West, der sofort nach Kriegsende wieder abgerissen wurde.

Bild unten: Wasserturm und Beamtenwohnungen in Geesthacht. Dieses Bild entstand 1918.

in die Weichen vorgeschoben war, daß der von Geesthacht kommende Zug nur hart daran vorbeifahren konnte. Infolgedessen fuhr der von Geesthacht kommende Zug mit großer Vorsicht ein, um insbesondere auch zu verhüten, daß seine Lokomotive in die zu normalen Zeiten durch das Überschiebegleis verdeckte Lücke stürzte. Dieser an sich unzulässige Zustand wird sich im Hinblick auf die Notwendigkeit, für den Arbeiterverkehr möglichst lange Züge zusammenzustellen, schwerlich vermeiden lassen.

Ein Teil der Arbeiter aus dem von Geesthacht kommenden Zuge verließ den Zug auf der dem Bahnsteig abgewendeten Seite, stieg über die Plattformen des zur Abfahrt nach Geesthacht bereiten Zuges, sprang über das Gitter zwischen dem Bahnhof der Bergedorf-Geesthachter- und der Staatsbahn und lief teilweise auch über die Gleise der Staatsbahn nach dem Bahnsteig, an dem die nach Hamburg fahrenden Züge halten. Dies wird nicht geduldet werden können. Da der Zug nach Geesthacht nach dem Fahrplan nur 1 Minute nach Eintreffen des Zuges von Geesthacht abfahren soll, kann bei dem Übersteigen dieses Zuges leicht ein Unfall sich ereignen. Das Übersteigen des Gitters zwischen den beiden Bahnhöfen ist bereits wiederholt ebenso wie das Überschreiten der Gleise bestraft worden, doch ist damit dem Übel nicht abgeholfen.« ...«

Daß unter diesen Umständen nichts passierte, war erstaunlich.

Endlich — im Oktober 1918 — konnte der zweigleisige Betrieb auf der gesamten Strecke bis Geesthacht aufgenommen werden. Es erfolgte die Erweiterung der Gleisanlagen aller Bahnhöfe (insbesondere Bergedorf-Süd).

Außerdem wurde damit begonnen, die ganze Strecke mit Weichen- und Signal-Sicherungseinrichtungen zu versehen. Eine zweite Brücke wurde zur Überführung über den Schleusengraben und die Brookwetterung in Bergedorf errichtet, der Lokschuppen in Bergedorf-Süd auf 18 Stände erweitert.

Vom Bahnhof Besenhorst aus wurde ein Personenzuggleis zur »Trifabrik« der Düneberger Pulverfabrik mit dem neuen Bahnhof Düneberg-West errichtet. Der bisherige Bahnhof Düneberg hieß fortan bis Kriegsende »Düneberg-Ost«. Dieser neue Bahnhof ersparte vielen Arbeitern der Düneberger Pulverfabrik einen Fußweg von jeweils rund 25 Minuten, denn jetzt endeten auch mehrere Personenzüge in Düneberg-West.

Alle Bahnhöfe erhielten 1918 Sperren.

Bei Kriegsende fuhren auf der Strecke Bergedorf — Geesthacht täglich in beiden Richtungen je 69 Personenzüge, auf der Krümmeler Anschlußbahn täglich 16 Zugpaare.

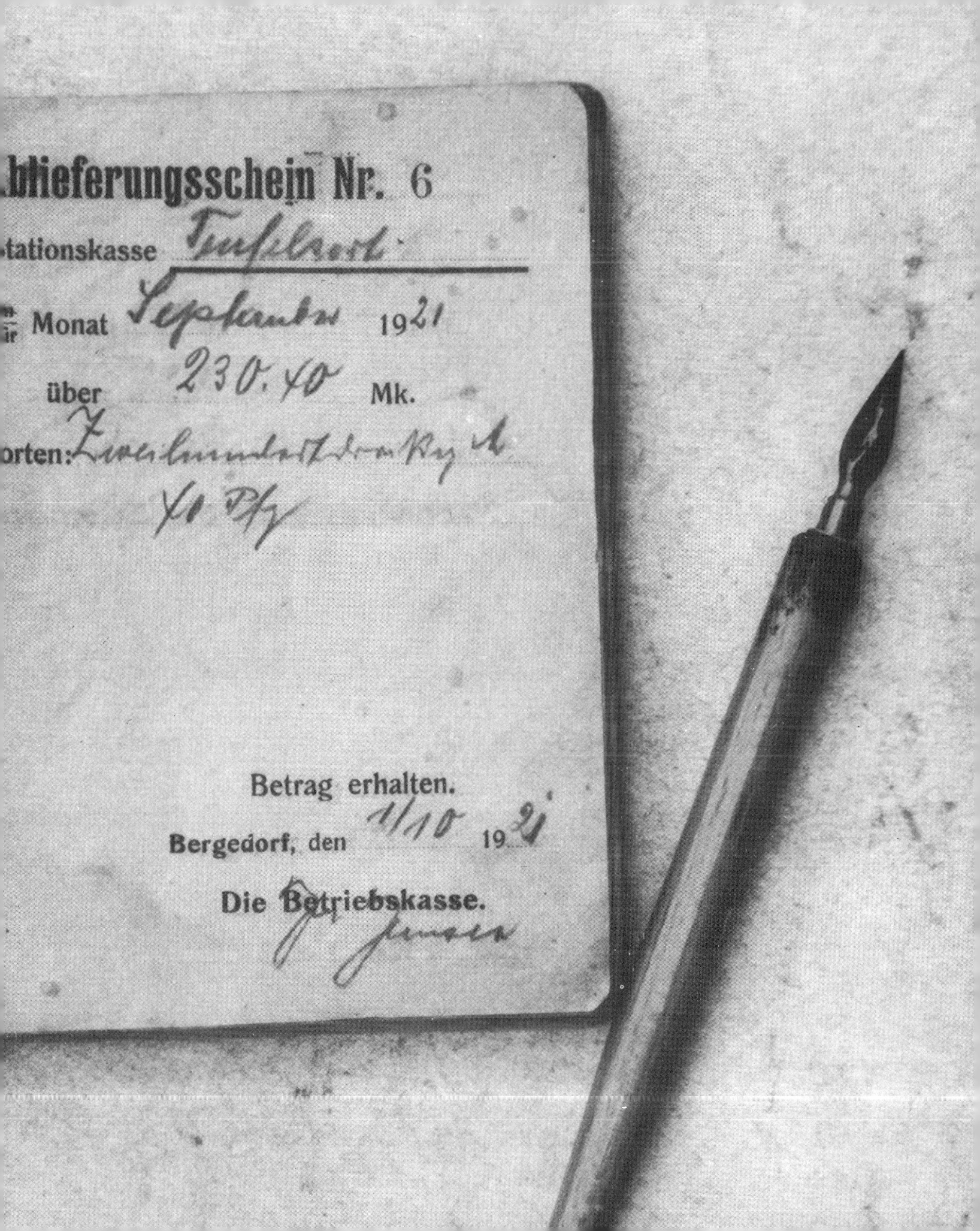
...bließerungsschein Nr. 6

...stationskasse [illegible]

...Monat September 1921

über 230.40 Mk.

...orten: Zweihundertdreißig Mk 40 Pfg

Betrag erhalten.

Bergedorf, den 1/10 1921

Die Betriebskasse.

[illegible]

Der Krieg ist zu Ende

Nach Kriegsende verringerte sich das Verkehrsaufkommen durch die Stillegung der Pulverfabriken drastisch. Auf der Stammstrecke verkehrten nur noch 16 Personenzugpaare, zwischen Geesthacht und Krümmel waren es nur noch 6. Die Bahn litt stark unter diesem Verkehrsrückgang, zumal ja durch den zweigleisigen Ausbau der Strecke und der eingebauten aufwendigen Sicherungseinrichtung der Betriebsaufwand stark gestiegen war. Jetzt wurde das neue Bahnmeistergebäude in Bergedorf-Süd fertig.

Erst jetzt konnten die im Kriege aus Personal- und Materialmangel unterbliebenen Untersuchungen und fälligen Überholungen am Fahrzeugpark und an der Strecke vorgenommen werden.

Die von der Staatsbahn geliehenen Fahrzeuge gab man zurück.

Der nicht mehr benötigte Bahnhof Düneberg-West wurde gänzlich wieder abgebrochen, das Gleis demontiert. Düneberg-Ost hieß fortan wieder Düneberg. Die während des Krieges für direkt nach Hamburg durchfahrende Personenzüge in Höhe des Oberen Landweges errichtete Einmündung in die Staatsbahngleise wurde wieder aufgehoben. 1919 übernimmt die Dynamit-Actien-Gesellschaft Krümmel aus Kohlenmangel der BGE den Betrieb auf der Strecke Geesthacht — Krümmel mit eigenen Betriebsmitteln und eigenem Personal. Sie beantragt, den bisher reinen Werkverkehr in einen öffentlichen Personenverkehr umzuwandeln, was ihr jedoch seitens der Aufsichtsbehörden aufgrund der für die Pulverfabrik geltenden verschärften Sicherheitsbestimmungen nicht gestattet wird. Man gestattet lediglich die Benutzung der Bahn durch Angehörige der Mitarbeiter. Der Betrieb erfolgte mit einer Acculok. Die Beförderung von Besuchern und Lieferanten war unzulässig.

Am 1. November 1920 verstarb der Ingenieur C. O. Gleim, dessen Name stets mit der Bergedorf-Geesthachter-Eisenbahn verbunden bleiben wird und deren Direktor er von der Gründung bis zu seinem Tode war. Die Miterbauung der ersten Hamburger U-Bahn gehörte mit zu den Aufgaben dieses hervorragenden deutschen Eisenbahningenieurs.

Bild oben: Aufsichtsbeamter, Zugführer und Schaffner vor einem abfahrbereiten Zug im Bahnhof Geesthacht. Bild rechte Seite: Rotte der BGE in der Nähe des Bahnhofes Escheburg (vermutlich um 1920).

Eisenbahndirektor Paul Weichhold wurde im Jahre 1903
von dem Dr. Ing. C. O. Gleim zur Leitung der Vorarbeiten für die
Erbauung der Billwärder Industriebahn und Bergedorf-
Geesthachter-Eisenbahn nach Hamburg verpflichtet. Diese
Bahnen wurden in den Jahren 1906/07 in Betrieb genommen. Seit diesem Zeitpunkt
war Direktor Weichhold Mitglied des Vorstandes der Bergedorf-
Geesthachter-Eisenbahn AG. Sein späteres Wirken galt
insbesondere der weiteren Aufschließung der Vier- und Marschlande
durch die Erbauung der Vierländer Eisenbahn von Bergedorf nach
Zollenspieker und der Hamburger Marschbahn von Geesthacht
über Zollenspieker nach Hamburg.

Bild oben: Empfangsgebäude der BGE am Staatsbahnhof Bergedorf

Diese 1924 entstandene Luftaufnahme von Bergedorf zeigt deutlich die enorme Ausdehnung des Bahnhofes Bergedorf-Süd der BGE am unteren Bildrand. Ganz links am Bildrand ist der Neue Weg zu erkennen.

Bild linke Seite:
Um Betriebskosten zu sparen, versuchte die BGE eine bessere Lösung für verkehrsschwache Zeiten zu finden, als Personenwagen mit einer Dampflok auf die Strecke zu schicken. Bereits in den 20er Jahren (Das genaue Datum war nicht mehr festzustellen) führte sie kurze Zeit Versuchsfahrten mit diesem zweiachsigen Benzol-Triebwagen durch, der sich jedoch nicht bewährte. Der spätere Verbleib ist unbekannt, ebenfalls der Hersteller.

Neuer Vorstand der Bergedorf-Geesthachter Eisenbahn und damit Nachfolger von Gleim wurde Paul Weichhold, sein Vertreter Dipl. Ing. Eugen Ramhorst. Neuer Betriebsleiter wurde Reg.-Bmst. a. D. Tressel, der schon vorher als Bauleiter tätig war.
Am 21. Oktober 1921 übernahm die BGE die Billwerder Industriebahn. Sie sollte in schwierigen Zeiten eine wichtige Stütze des Bahnunternehmens werden.
Im nun folgenden Geschäftsjahr (1. April 1922 bis 31. März 1923) wurde der Personalbestand stark eingeschränkt. Daher konnte seit dem Kriegsende erstmals wieder eine Dividende von 5% gezahlt werden. Die Betriebsstrecke betrug jetzt 57 km, die Gleislänge 118 km.
Am 1. Juni 1923 erfolgte die Eröffnung der Strecke Fünfhausen-Ochsenwärder der Hamburger Marschbahn.
1923 begann auch der Abbau des zweiten Gleises nach Geesthacht, da der damalige Betrieb auf einem Streckengleis abgewickelt werden konnte. Aufgrund des nachkriegsbedingten starken Materialmangels wurde das nun frei werdende Gleismaterial dringend zur Erneuerung der Billwerder Industriebahn-Gleise benötigt.
Die nun folgenden Jahre 1924 und 1925 verzeichnen zufriedenstellende Betriebszahlen, Besonderheiten waren nicht zu vermelden.
In die zwanziger Jahre fällt jedoch noch die Beschaffung der ersten Dreikuppler (Loks mit drei angetriebenen Achsen), die jedoch für die Bergedorf-Geesthachter-Eisenbahn zu schwer waren und weiterverkauft werden mußten. Um in den verkehrsschwachen Zeiten Kosten zu sparen, faßte man den Einsatz von Triebwagen ins Auge. Die BGE beschaffte probeweise einen zweiachsigen Benzol-Triebwagen, der sich jedoch nicht bewährte und ebenfalls nicht zum planmäßigen Einsatz kam.
Der Bahnhof Geesthacht wurde in das Fernfahrkartennetz der Reichsbahn einbezogen.

Die BGE geht auf die Straße

Herausragendes Ereignis des Jahres 1926 war für die Bergedorf-Geesthachter-Eisenbahn die Aufnahme des, vorerst kleinen, Busbetriebes. Ab 15. Mai 1926 befuhr dreimal täglich ein Bus die Strecke Bergedorf-Geesthacht-Lauenburg. Am 4. Oktober 1926 wurde in Bergedorf der Stadtverkehr aufgenommen. Für diesen Betrieb standen vorerst drei Fahrzeuge zur Verfügung.
Aber bereits 1927 stieg der Busbestand auf 14 Fahrzeuge an. 3 Lastwagenzüge wurden beschafft, die den Güterverkehr in die eisenbahnfernen Gebiete übernahmen. Es konnten 5% Dividende gezahlt werden.
1928 wurde eine Nachtbuslinie (!) zwischen Bergedorf und Hamburg eingerichtet.
Der Busbetrieb wurde in den folgenden Jahren ständig erweitert. Verschiedene Linien wurden eine echte Konkurrenz für die eigenen Eisenbahnstrecken. Davon jedoch an anderer Stelle mehr.

Bild oben: Die ersten Autobusse am Staats-Bahnhof-Bergedorf.

Bergedorf-Staatsbahn und Bergedorf-Nord werden umgebaut

Im Jahre 1928 wurden die ersten Planungen für den Umbau des Bergedorfer Staatsbahnhofes durchgeführt, von denen der Bahnhof-Nord der BGE ebenso betroffen werden sollte.
Die Staatsbahn hatte sich mit ihren im Straßenniveau liegenden beiden Übergängen Holstenstraße und Kampchaussee als starkes Verkehrshindernis erwiesen. Mehrfach war es zum Beispiel vorgekommen, daß die Bergedorfer Feuerwehr zu einem Feuer, das westlich der Staatsbahn im damaligen zu Preußen gehörenden Sande (heute Lohbrügge) ausgebrochen war, und zu dem sie zur Hilfeleistung gebeten worden war, nicht rechtzeitig kommen konnte, weil die Schranken geschlossen waren. Mit dem stärker werdenden Autoverkehr bildeten sich auch immer längere Autoschlangen vor den geschlossenen Schranken.
Die Überführung dieser Straßen und damit die Höherlegung des Bahnhofes und der Bahnsteige war daher zwingend notwendig geworden. Hiervon war auch die

Immer wieder zwangen die geschlossenen Schranken in der Holstenstraße in Bergedorf die Autofahrer und die Feuerwehr zu langen Wartezeiten. Mit dem steigenden Verkehr sowohl auf der Schiene als auch auf der Straße wurde um 1930 herum dann endlich der Bahndamm höhergelegt und hier eine Brücke für die Eisenbahn gebaut. Links im Bild das alte Bahnhofshotel, im Hintergrund in der Mitte der »Holsteinische Hof«, der damals noch zu Lohbrügge gehörte und somit preußisch war.

Bild oben: Höherlegung des Reichsbahnhofes in Bergedorf und des Bahnhofes Bergedorf-Nord der Bergedorf-Geesthachter-Eisenbahn. Links im Bild erkennt man bereits den höhergelegten Fernbahnbahnsteig der Reichsbahn, in der Mitte die noch befahrenen Gleise der Reichsbahn zu ebener Erde. Rechts im Bild der alte Bahnhof der BGE.

BGE betroffen, da sie ja den Übergang Kampchaussee mitbenutzte.

In Verhandlungen mit der Reichsbahn und dem Hamburger Staat wurde erreicht, daß die BGE im neuen Staatsbahnhof Bergedorf einen eigenen Bahnsteig erhalten sollte, der auf gleicher Höhe mit den Bahnsteigen der Reichsbahn liegen sollte (später Bahnsteig 1, heute Parkplatz). Der hamburgische Staat sagte der BGE eine finanzielle Unterstützung bei diesem Vorhaben zu.

Die BGE konnte 1928 ein Ansteigen der Beförderungszahlen vermelden. Mit der Eisenbahn wurden 1.307.000 Personen, mit dem Bus 506 000 Personen befördert. Der Güterverkehr meldete den Transport von 413 500 t.

1929 konnte mit dem Umbau des Bergedorfer Staatsbahnhofes begonnen werden. Hierfür wurde der bisher westlich der Fernbahngleise liegende Güterbahnhof aufgehoben und auf diesem Gebiet ein Damm aufgeschüttet, den man gegen die bisherigen Reichsbahnferngleise durch eine Stahlspundwand abstützte. Auf diesem Damm wurden dann die neuen Fernbahngleise verlegt (heute Gleis 3, 4 und 5).

Nachdem die Gleise später befahren werden konnten, wurde dann auch das heutige Gleis 2 und die BGE-Gleise höhergelegt. Deswegen mußte die BGE ihr bisheriges Gelände, das für die Aufschüttung benötigt wurde, räumen und vorübergehend einen Behelfsbahnhof am Weidenbaumsweg in Betrieb nehmen (das Gebäude hiervon steht heute noch).

Bild unten: Dieses Foto entstand etwa 1926 und zeigt das Empfangsgebäude der BGE am Bahnhof Bergedorf-Nord (Staatsbahn) von der Rückseite. Im Vordergrund die Brücke über die Bille. Erst wenn die Fahrgäste diese Brücke überquert hatten, kamen sie zu den Bahnsteigen der Geesthachter- und der Vierländer-Bahn. Im Bild die Mitarbeiter der BGE, rechts Willy Voigt und links Hans Hansen. Hans Hansen hat dieses Foto mit Selbstauslöser aufgenommen.

Bild oben: Kanzlei der Betriebsleitung der BGE in Bergedorf-Süd 1929. Es zeigt (von links) Fräulein Nürnberger, den Anwärter Willy Voigt, den Fahrkartendrucker und Kanzleiboten Hans Bergeest, den Kanzleivorsteher Hans Hansen und Fräulein Erna Paetz, Kanzleiangestellte.
Bild unten: Interimsbahnhof Bergedorf Nord. Das Empfangsgebäude vom Norden aus gesehen. Links im Bild der Weidenbaumsweg. Das Empfangsgebäude der BGE ist heute (1977) noch geringfügig verändert zu sehen und wird von einem Zigarettenhändler benutzt.

Bild links unten: Interimsbahnhof der BGE in Bergedorf. Das Empfangsgebäude von der Südseite aus gesehen.

Bild rechts: Interimsbahnhof der BGE am Weidenbaumsweg. Im Bild ist der Bahnsteig zu erkennen. (Blick vom Empfangsgebäude aus). Rechts im Bild ist bereits der aufgeschüttete Bahndamm der Reichsbahn zu erkennen.

Die Weltwirtschaftskrise und die BGE

Die Weltwirtschaftskrise 1930 bewirkte für die BGE auf allen Strecken wiederum einen Rückgang der Verkehrsleistungen. Das durch den Umbau des Bahnhofes Bergedorf erforderliche neue Übergabegleis wurde in diesem Jahr fertig.

1931 brachte einen weiteren Verkehrsrückgang. Wenig benutzte Züge wurden eingestellt und durch Busse ersetzt. Die Güterwagen wurden nur noch ausschließlich Personenzügen angehängt. Aufgrund dieser Entwicklung mußte die Belegschaft vom 1. Januar 1930 bis zum 31. Dezember 1931 um 40% verringert werden.

Am 1. April 1932 wurden die Herren Alois Tressel und Erich Winter in den Vorstand der BGE berufen.

Das Jahr 1932 verzeichnete aufgrund der allgemeinen Wirtschaftslage einen besorgniserregenden Verkehrsrückgang auf der BGE. An den Bahnanlagen konnten nur noch die notwendigsten Arbeiten verrichtet werden. Die Strekke Geesthacht—Krauel der Marschbahn wurde für den Personenverkehr stillgelegt.

Aus Kostengründen verlegte man die Direktion der BGE, die sich bisher in Hamburg befand, nach Bergedorf-Süd.

Bild unten: Nachdem das untere Foto entstanden war, wurde der Festschmuck anläßlich des Jubiläums wieder abgebaut. Der normale Dienst ging weiter. Als jedoch der damalige Bahnhofsvorsteher von Bergedorf-Süd und -Nord das Bild sah, war er sehr verärgert. Man hätte doch ein Jubiläumsbild mit mehreren Bediensteten anfertigen sollen. Warum hatte man ihn nicht verständigt? Nun sei es ja wohl zu spät dafür, da die Girlanden nicht mehr vorhanden waren. Jedoch Willy Voigt jun. schlug nun vor, vom selben Standpunkt des Fotografen erneut ein Foto mit weiteren Kollegen aufzunehmen. Carstensen, der Fotograf, kam, nachdem die Belegschaft zusammengerufen worden war, erneut zum Bahnhof, machte seine Aufnahme und - kopierte einfach den Festschmuck des ersten Bildes in die Tage später entstandene zweite Aufnahme ein. Das gewünschte Jubiläumsfoto war nun doch noch – zwar mit Verspätung und der Kunst des Fotografen – fertiggestellt.

Bild linke Seite: 25 Jahre Bergedorf-Geesthachter-Eisenbahn. Der Jubiläumszug mit der Lok 11 wartet abfahrbereit im Bahnhof Geesthacht.

Bild unten: 25 Jahre Bergedorf-Geesthachter-Eisenbahn. Dieses Foto schoß der in Bergedorf bekannte Fotograf Carstensen 1931 vor dem Empfangsgebäude Bergedorf-Nord. Es zeigt (von links) den Anwärter Willy Voigt, den Weichenwärter Heinrich Rathjen und den Zugführer Willy Voigt.

Bild links: Verwaltungsgebäude der BGE am Bahnhof-Bergedorf-Süd mit dem Bus Nr. 6.

Es geht wieder bergauf

1933 war endlich der Verkehrsrückgang zum Stillstand gekommen. Die Strecke Geesthacht — Krauel konnte zum Sommerfahrplan wieder in Betrieb genommen werden. Zwei 3achsige Loks (1925 gekauft) wurden für 27.000 RM an die Stadt Braunschweig verkauft. 1934 konnte eine leichte Aufwärtsentwicklung in den Beförderungszahlen festgestellt werden.

Eine kräftige Aufwärtsentwicklung setzte endlich im Jahre 1935 ein, da die Pulverfabriken in Krümmel und Düneberg ihren Betrieb wieder verstärkt aufnahmen. Dieser Trend setzte sich auch 1936 fort.

Am 4. Oktober 1936 fuhren die BGE-Züge erstmals vom neuerbauten Bahnsteig 1 des Bergedorfer-Nord-Bahnhofes ab.

Die ersten beiden Triebwagen (Diesel) und zwei Beiwagen wurden in diesem Jahre angeschafft. Endlich erfolgten auch wieder Fahrplanerweiterungen auf der Stammstrekke nach Geesthacht.

Da das alte Bahnhofsgebäude am Staatsbahnhof noch den Betrieb abwickeln mußte, besaß die BGE zu diesem Zeitpunkt am Nordbahnhof nur Stumpfgleise (die an der Treppe endeten). Erst als 1937 das neue Bahnhofsgebäude fertig war und das alte abgerissen werden konnte, errichtete man für BGE die Umlaufgleise.

1938 konnte ein weiteres Ansteigen des Verkehrsaufkommens verzeichnet werden.

Seit dem 8. Juli 1938 war Alois Tressel allein im Vorstand der BGE.

*Eisenbahnzug der BGE in Richtung
Bergedorf fahrend 1934 kurz nach dem Verlassen des
Bahnhofes Holtenklinke, im Vordergrund
die Reichsstraße 5 (B 5, Rothenhauschaussee), im Hintergrund
die 1933 erbaute Siedlung Eschenhof.*

Lageplan des neuen Bahnhofes Bergedorf-Nord und des Reichsbahnhofes Bergedorf 1937 nach der Höherlegung und der Einweihung des gemeinsamen Empfangsgebäudes der Reichsbahn und der BGE.

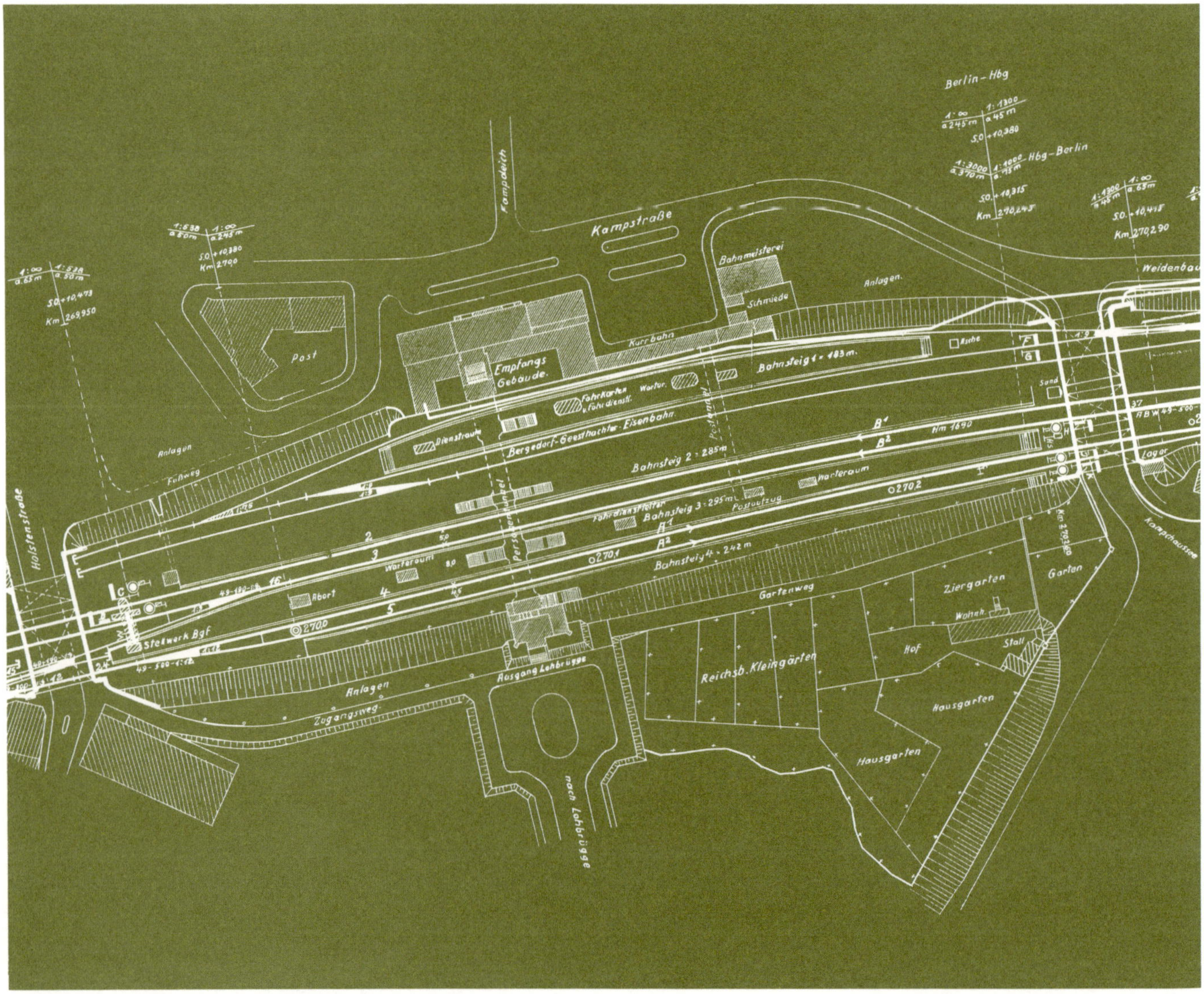

Bild oben: Der neue Bahnsteig der BGE am Bahnhof Bergedorf-Nord, der ab Oktober 1936 jedoch erst bis zur Treppe (vorn im Bild) fertig war, da das alte Empfangsgebäude der Reichsbahn noch stand und damit seine Verlängerung verhinderte. Die BGE-Züge mußten hier entweder mit einer neuen Lok versehen werden oder abgeräumt werden, da die anbringende Lok noch nicht umlaufen konnte. Erst 1937 wurde der Bahnsteig endgültig fertig, damit konnte auch ein Umlaufgleis in Betrieb genommen werden. Die im Bild ersichtlichen Sperren wurden bald wieder abgebaut, da die BGE dann – bis zum Ende – mit der Reichsbahn gemeinsame Sperren im Zugangstunnel betrieb und damit den Übergang der Reisenden zur Reichsbahn beschleunigte.

Bild unten: Ein neuer Dieseltriebwagen (VT 1) vor dem Lokschuppen am Bahnhof-Bergedorf-Süd.

Die Bahn im Zweiten Weltkrieg

Nach Kriegsbeginn 1939 erfolgte eine sehr lebhafte Aufwärtsentwicklung auf der Stammstrecke. Das Verwaltungsgebäude Bergedorf-Süd mußte aufgestockt werden, um mehr Büroraum zu erhalten.
Das Empfangsgebäude des Bahnhofes Geesthacht wurde umgebaut.
An den Straßenübergängen nach Geesthacht installierte man Licht-Signalanlagen.
Am Anfang des Jahres 1940 wurde dann mit dem erneuten zweigleisigen Ausbau der Stammstrecke nach Geesthacht begonnen, der bis Jahresende fertiggestellt werden konnte. Gleichzeitig wurden, neben den Übergängen Weidenbaumsweg, Neuer Deich, Neuer Weg, die Straßenkreuzungen Pollhofsbrücke/Brookdeich, Pollhofstraße, Curslacker Heerweg (Holtenklinke) mit Schranken versehen. An der Pollhofsbrücke gab es einen Schrankenposten. Der Haltepunkt Holtenklinke erhielt ein vergrößertes Bahnhofsgebäude mit Warteraum für die Fahrgäste. Die ersten Lichtsignale wurden aufgestellt, die Stellwerke wieder in Betrieb genommen!
Wie auch im Ersten Weltkrieg, stieg jetzt der Personen- und Güterverkehr von und nach den Pulverfabriken in Düneberg und Krümmel enorm an.
Bereits 1940 sah sich die Bergedorf-Geesthachter-Eisenbahn nicht mehr in der Lage, den Betrieb auf der Strecke nach Geesthacht allein abzuwickeln.
Sie schloß daher mit der Deutschen Reichsbahn und der Dynamit-AG einen Vertrag ab, in dem es u. a. hieß:

»Da die BGE und DAG zur Zeit nicht in der Lage sind, den stark gestiegenen Arbeiterverkehr auf ihren Strecken Hamburg-Bergedorf bis Geesthacht und Geesthacht bis Krümmel allein zu bewältigen, übernimmt es die Reichsbahn bis auf weiteres mit ihren Lokomotiven, Wagen, Lokomotiv- und Zugbegleitbeamten Personenzüge für den Werkverkehr zwischen Hamburg Hbf einerseits und Düneberg, Düneberg-Birke, Geesthacht oder Krümmel andererseits über den Übergabebahnhof Hamburg-Bergedorf zu fahren. ...
Die Betriebsvorschriften über die Durchführung der Züge auf der Bahnstrecke zwischen der Abzweigung Bk in Bergedorf und Krümmel für die Lokomotiv- und Zugbegleitbeamten der Reichsbahn stellt die BGE ... fest und teilt sie der Reichsbahn rechtzeitig mit. ...
Die Lokomotiv- und Zugbegleitbeamten der durchfahrenden Reichsbahnzüge haben auf der Strecke von Hamburg-Bergedorf (Abzweigung Bk) bis Geesthacht den dienstlichen Weisungen der zuständigen Bediensteten der BGE und auf der Strecke von Geesthacht nach Krümmel denen der zuständigen Bediensteten der DAG nachzukommen. ...
Bei der Ausübung ihres Dienstes auf der Strecke von Hamburg-Bergedorf (Abzweigung Bk) bis Geesthacht gelten die Bediensteten der Reichsbahn als Bedienstete der BGE, auf der Strecke von Geesthacht bis Krümmel dagegen als Bedienstete der DAG ...
Die in den Reichsbahnzügen tätigen Zugrevisoren der

Fahrplan der BGE aus dem
Sommerfahrplan 1942, der nur die Werkzüge nach Krümmel
und Düneberg ausweist.
Die für die Öffentlichkeit fahrenden Züge erschienen
noch zusätzlich in einem anderen Fahrplan,
der extra veröffentlicht wurde.

Bergedorf-Geesthachter Eisenbahn A.-G.

E/0574 **Fahrplan für die Werkzüge Hamburg—Düneberg—Krümmel.** Gültig vom 4. Mai 1942

			W	W	W	W	W	S	W	W
	3501	3505	3513	3515	3517	3531	3533	3533	3575	3579
Hamburg Hbf. ab	4 34	4 50	5 36	5 47	6 02	12 35	12 51	12 51	20 35	20 54
Berliner Tor	4 39	4 55	5 43	5 52	6 07	12 40	12 56	12 56	20 40	20 59
Rothenburgsort	4 43	4 59	5 47	5 56	6 11	12 44	13 00	13 00	20 44	21 03
Tiefstack										
Hbg.-Bergedorf-Süd	5 10	5 17			6 28		13 18	13 18	21 03	21 21
Holtenklinke										
Börnsen										
Escheburg										
Besenhorst										
Düneberg		5 34	6 20		6 44		13 36	13 38		21 38
Geesthacht		5 36	6 24	6 32	6 47	Sa 13 19 (Sa Krümmel an 13 30)	13 47	13 42	21 24	21 48
Düneberg		—	—				—	—		—
Düneberg Birke		5 52	—				13 54	—		21 55
Geesthacht, Fährstr.		—	—	6 37			—	13 47		—
Krümmel an	5 35	—	6 33	6 42	6 57	13 28	—	13 52	21 33	—

			Sa	Sa	Sa	S	W	W	Mo-Fr	Mo-Fr	Mo-Fr	W	W
	3516	3520	3530	3534	3536	3548	3550	3552	3558	3560	3562	3576	3578
Krümmel ab	—	6 58	—	12 58	13 05	14 40	—	15 06	—	17 02	17 22	—	22 59
Geesthacht, Fährstr.	—		—			14 46	—		—			—	
Düneberg Birke	6 40		—			—	14 45		—			22 41	
Düneberg	—		—			—	—		—			—	
Geesthacht	6 56	7 08	—			14 52	15 02		—		17 32	22 57	
Düneberg	6 59		12 39		13 15	14 56	15 10		17 05		17 36	23 01	
Besenhorst													
Escheburg					13 23								
Börnsen		7 21			13 28								
Holtenklinke		7 26			13 33								
Hbg.-Bergedorf-Süd	7 14	7 31			13 38	15 11		15 34		17 36	17 52		23 27
Tiefstack						—						23 30	
Rothenburgsort	7 32	7 52	13 16	13 42	13 56	15 29	15 45	15 50	17 40	17 55	18 10	23 35	23 49
Berliner Tor	7 37	7 57	13 20	13 46	14 01	15 33	15 50	15 56	17 44	17 59	18 14	23 39	23 53
Hamburg Hbf. an	7 42	8 01	13 25	13 51	14 05	15 38	15 55	16 04	17 49	18 04	18 20	23 44	23 58

Zeichenerklärung: W = werktags, S = sonntags, Mo = montags, Fr = freitags, Sa = sonnabends.

■ Folgende Züge sind für den öffentlichen Verkehr freigegeben: 3516 ab Düneberg, 3520, 3548 sonntags, 3533 sonntags ■

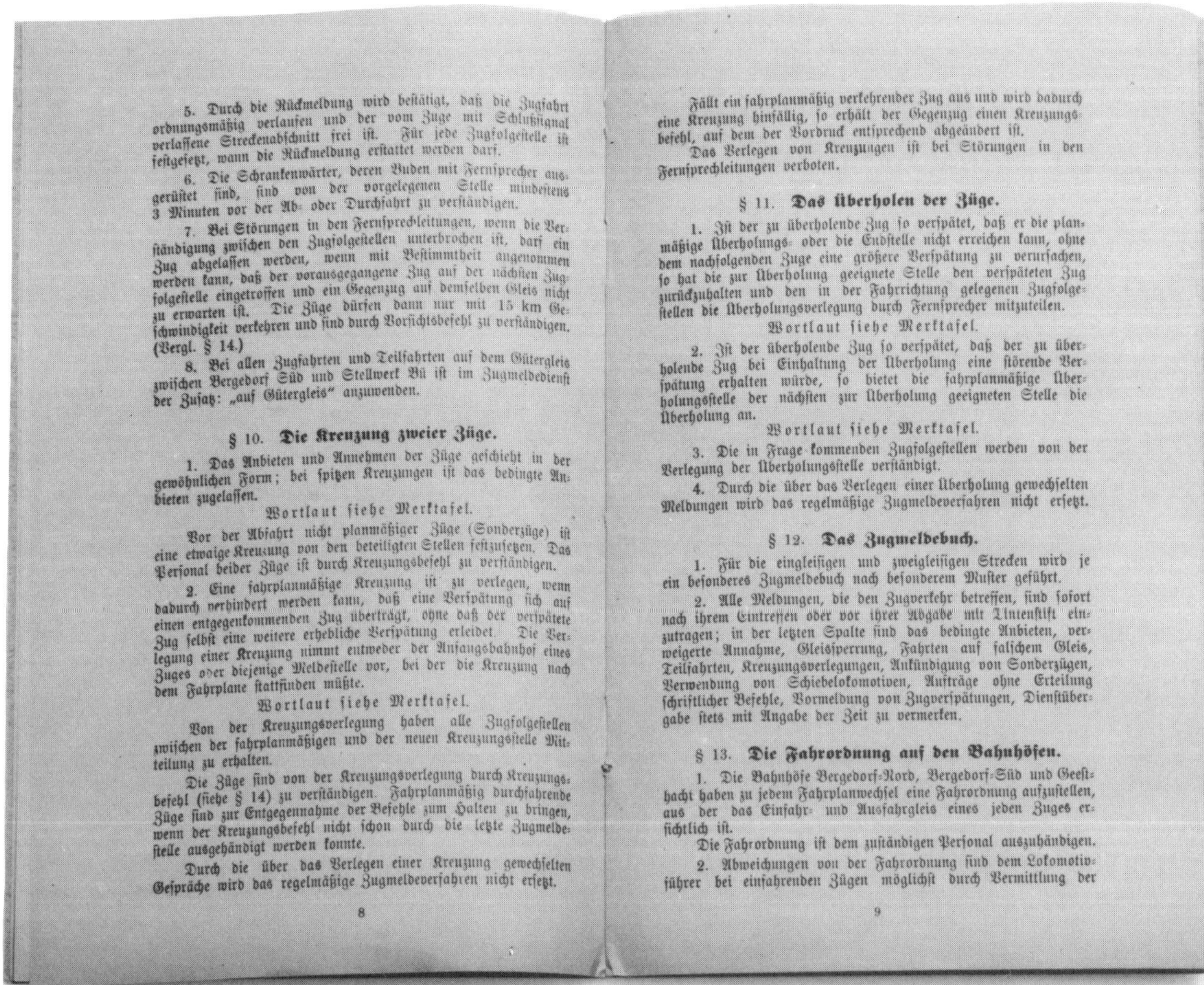

5. Durch die Rückmeldung wird bestätigt, daß die Zugfahrt ordnungsmäßig verlaufen und der vom Zuge mit Schlußsignal verlassene Streckenabschnitt frei ist. Für jede Zugfolgestelle ist festgesetzt, wann die Rückmeldung erstattet werden darf.

6. Die Schrankenwärter, deren Buden mit Fernsprecher ausgerüstet sind, sind von der vorgelegenen Stelle mindestens 3 Minuten vor der Ab- oder Durchfahrt zu verständigen.

7. Bei Störungen in den Fernsprechleitungen, wenn die Verständigung zwischen den Zugfolgestellen unterbrochen ist, darf ein Zug abgelassen werden, wenn mit Bestimmtheit angenommen werden kann, daß der vorausgegangene Zug auf der nächsten Zugfolgestelle eingetroffen und ein Gegenzug auf demselben Gleis nicht zu erwarten ist. Die Züge dürfen dann nur mit 15 km Geschwindigkeit verkehren und sind durch Vorsichtsbefehl zu verständigen. (Vergl. § 14.)

8. Bei allen Zugfahrten und Teilfahrten auf dem Gütergleis zwischen Bergedorf Süd und Stellwerk Bü ist im Zugmeldedienst der Zusatz: „auf Gütergleis" anzuwenden.

§ 10. Die Kreuzung zweier Züge.

1. Das Anbieten und Annehmen der Züge geschieht in der gewöhnlichen Form; bei spitzen Kreuzungen ist das bedingte Anbieten zugelassen.

Wortlaut siehe Merktafel.

Vor der Abfahrt nicht planmäßiger Züge (Sonderzüge) ist eine etwaige Kreuzung von den beteiligten Stellen festzusetzen. Das Personal beider Züge ist durch Kreuzungsbefehl zu verständigen.

2. Eine fahrplanmäßige Kreuzung ist zu verlegen, wenn dadurch verhindert werden kann, daß eine Verspätung sich auf einen entgegenkommenden Zug überträgt, ohne daß der verspätete Zug selbst eine weitere erhebliche Verspätung erleidet. Die Verlegung einer Kreuzung nimmt entweder der Anfangsbahnhof eines Zuges oder diejenige Meldestelle vor, bei der die Kreuzung nach dem Fahrplane stattfinden müßte.

Wortlaut siehe Merktafel.

Von der Kreuzungsverlegung haben alle Zugfolgestellen zwischen der fahrplanmäßigen und der neuen Kreuzungsstelle Mitteilung zu erhalten.

Die Züge sind von der Kreuzungsverlegung durch Kreuzungsbefehl (siehe § 14) zu verständigen. Fahrplanmäßig durchfahrende Züge sind zur Entgegennahme der Befehle zum Halten zu bringen, wenn der Kreuzungsbefehl nicht schon durch die letzte Zugmeldestelle ausgehändigt werden konnte.

Durch die über das Verlegen einer Kreuzung gewechselten Gespräche wird das regelmäßige Zugmeldeverfahren nicht ersetzt.

8

Fällt ein fahrplanmäßig verkehrender Zug aus und wird dadurch eine Kreuzung hinfällig, so erhält der Gegenzug einen Kreuzungsbefehl, auf dem der Vordruck entsprechend abgeändert ist.

Das Verlegen von Kreuzungen ist bei Störungen in den Fernsprechleitungen verboten.

§ 11. Das Überholen der Züge.

1. Ist der zu überholende Zug so verspätet, daß er die planmäßige Überholungs- oder die Endstelle nicht erreichen kann, ohne dem nachfolgenden Zuge eine größere Verspätung zu verursachen, so hat die zur Überholung geeignete Stelle den verspäteten Zug zurückzuhalten und den in der Fahrrichtung gelegenen Zugfolgestellen die Überholungsverlegung durch Fernsprecher mitzuteilen.

Wortlaut siehe Merktafel.

2. Ist der überholende Zug so verspätet, daß der zu überholende Zug bei Einhaltung der Überholung eine störende Verspätung erhalten würde, so bietet die fahrplanmäßige Überholungsstelle der nächsten zur Überholung geeigneten Stelle die Überholung an.

Wortlaut siehe Merktafel.

3. Die in Frage kommenden Zugfolgestellen werden von der Verlegung der Überholungsstelle verständigt.

4. Durch die über das Verlegen einer Überholung gewechselten Meldungen wird das regelmäßige Zugmeldeverfahren nicht ersetzt.

§ 12. Das Zugmeldebuch.

1. Für die eingleisigen und zweigleisigen Strecken wird je ein besonderes Zugmeldebuch nach besonderem Muster geführt.

2. Alle Meldungen, die den Zugverkehr betreffen, sind sofort nach ihrem Eintreffen oder vor ihrer Abgabe mit Tintenstift einzutragen; in der letzten Spalte sind das bedingte Anbieten, verweigerte Annahme, Gleissperrung, Fahrten auf falschem Gleis, Teilfahrten, Kreuzungsverlegungen, Ankündigung von Sonderzügen, Verwendung von Schiebelokomotiven, Aufträge ohne Erteilung schriftlicher Befehle, Vormeldung von Zugverspätungen, Dienstübergabe stets mit Angabe der Zeit zu vermerken.

§ 13. Die Fahrordnung auf den Bahnhöfen.

1. Die Bahnhöfe Bergedorf-Nord, Bergedorf-Süd und Geesthacht haben zu jedem Fahrplanwechsel eine Fahrordnung aufzustellen, aus der das Einfahr- und Ausfahrgleis eines jeden Zuges ersichtlich ist.

Die Fahrordnung ist dem zuständigen Personal auszuhändigen.

2. Abweichungen von der Fahrordnung sind dem Lokomotivführer bei einfahrenden Zügen möglichst durch Vermittlung der

9

Auszug aus den
»Fahrdienstlichen Vorschriften: der
Bergedorf-Geesthachter-Eisenbahn AG.
Gültig vom 1. Dezember 1918

In Geesthacht wurde durch den erneuten zweigleisigen Ausbau und die starke Erweiterung der dortigen Gleisanlagen ein neues Stellwerk errichtet. (es ist heute noch arg demoliert vorhanden (1977)). Unser Bild zeigt die enorme Länge der Hebelbank.

Unten: Aus dem amtlichen Hamburger Jahresfahrplan 1944/45

Fahrgäste errichtet, die heute noch vorhanden sind. Wegen des akuten Treibstoffmangels der Dieseltriebwagen rüstete man einen Wagen in diesem Jahr auf Treibgas um. 13 Abteilwagen der Reichsbahn wurden gekauft. Am Verkehrsumfang gemessen, lag die BGE 1944 mit rund 5,5 Millionen RM Einnahmen in der Führungsgruppe aller großdeutschen privaten Eisenbahnen. Geest-

Bergedorf-Geesth Eisenb AG **110c Hamburg-Bergedorf–Geesthacht** und zurück Alle Züge 2. 3. Klasse

km	Zug Nr	3	w 9	S 105	w 13		17	19	S 109	w 25	w 29	S 111	w 31	S 117	w 33	S 119	w 37	w 39	S 129	w 45	S 133
0,0	**Hmb-Bergedorf** 110. 110a, d. . . ab	4.48	w5.52	S6 32	w6 55	..	8 35	10.35	S12.20	w12.42	w13.31	S14.06	w15.16	S16.03	w16.11	S17.30	w18.05	w19.10	S20.05	w20.45	S 21.40
1,6	Hmb-Bergedorf Süd 110d . . .	4.53	5.58	6 38	7.03	...	8 41	10.41	12.26	12.48	13.37	14.12	15.22	16.08	16.16	17.36	18.11	19.16	20.11	20.51	21.45
3,7	Holtenklinke	4.58	6.03	6 43	7.08	...	8.46	10 46	12.31	12.53	13.42	14.17	15.27	16.12	16.21	17.41	18.16	19.21	20.16	20.56	21.50
6,2	Börnsen	5.03	6 08	6 48	7.13	...	8 51	10.51	12.36	12.58	13.47	14.22	15.32	16.17	16.26	17.46	18.21	19.26	20.21	21.01	21.55
8,8	Escheburg	5.08	6.13	6.53	7.18	...	8.56	10.56	12,41	13.03	13.52	14.27	15.37	16.22	16.31	17.51	18.26	19.31	20.26	21.06	22.00
11,4	Besenhorst	5.13	6.18	6.58	7.23	...	9.01	11.01	12.46	13.08	13.57	14.32	15.42	16.27	16.36	17.57	18.31	19.36	20.31	21.11	22 05
13,0	Düneberg	5.17	6.22	7 02	7 28	...	9 05	11.05	12.51	13.12	14.02	14.36	15.46	16.31	16.40	18.02	18.35	19.40	20.36	21.15	22.10
13,9	**Geesthacht** 110 e. ⚠ 1001 c an	5.20	w6.25	S7.05	w7.31	...	9 07	11 07	S12.54	w13.15	w14.04	S14.39	w15.49	S16.34	w16.43	S18.04	w18.38	w19.43	S20.39	w21.17	S 22.13

km	Zug Nr	w 4	6	w 10	S 10	w 12	16	S 108	w 18	Sa 22	S 110	w 24	26	32	w 34	S 116		w 38	S 130	S 134	w 44	
0,0	**Geesthacht** 110 e. ⚠ 1001 c ab	w4.34	5.52	w6.59	S7 16	w8.37	9.48	S11.19	w11.44	Sa12.52	S13.19	w14.24	15.16	16.49	w17.22	S18.31	...	w19.23	S20.56	S22.23	w23.09	...
0,9	Düneberg	4.37	5.55	7.03	7.20	8.40	9.51	11.22	11.47	12.55	13.22	14.27	15.19	16.52	17.25	18.34	...	19.26	20.59	22.26	23.12	...
2,5	Besenhorst	4.41	6.00	|	|	8 45	9.56	11.27	11.52	13.00	13.27	14.31	15.24	16.57	17.29	18.39	...	19.31	21.04	22.31	23.17	...
5,1	Escheburg	4.46	6.05	7.11	7 28	8.50	10.01	11.32	11.57	13.05	13.32	14.36	15.29	17.02	17.34	18.44	...	19.36	21.09	22.36	23.22	...
7,7	Börnsen	4.51	6.10	7.16	7.33	8.55	10.06	11.37	12.02	13.10	13.37	14.41	15.34	17.07	17.39	18.49	...	19.41	21.14	22.41	23.28	...
10,2	Holtenklinke	4.56	6.15	7.21	7.38	9.00	10.11	11.42	12.07	13.15	13.42	14.46	15.39	17.12	17.44	18.55	...	19.46	21.19	22.46	23.33	...
12,3	Hmb-Bergedorf Süd 110d . . .	5.01	6.20	7.26	7 43	9.05	10.16	11.47	12.12	13.20	13.47	14.51	15.44	17.17	17.50	19.00	..	19.51	21.24	22.51	23.38	...
13,9	**Hmb-Bergedorf** 110. 110a, d. . . an	w5.07	6.26	w7.31	S7 48	w9.10	10 21	S11.52	w12.17	Sa13.25	S13.52	w14.56	15.49	17.23	w17.54	S19.05	...	w19.56	S21.30	S22.56	w23.43	

BGE gelten bei Ausübung ihrer Tätigkeit auf der Strecke Hamburg-Bergedorf (Abzweigung Bk) bis Hamburg Hbf als Bedienstete der Reichsbahn . . .«

Welcher Personenverkehr abgewickelt werden mußte, zeigen die hier wiedergegebenen Fahrpläne der Werkzüge — die jeweils etwa 14 Züge des öffentlichen Personenverkehrs sind noch hinzuzurechnen. Außerdem wurden die Werkverkehrszüge in einer Länge gefahren, die bisher auf der BGE noch nicht vorgekommen war.

Statt der im Ersten Weltkrieg erbauten Abzweigung in der Höhe des Oberen Landweges an der Staatsbahnstrecke Bergedorf — Hamburg wurde nun eine Überführung (kreuzungsfrei!) über die Staatsbahn erforderlich (die Aufschüttung hierfür ist heute noch zu sehen).

1941 kaufte die BGE ihre erste Fahrkartendruckmaschine, die im Keller des Verwaltungsgebäudes Bergedorf-Süd noch bis in die 50er Jahre ihren Dienst tat. 1942 wurden auf Bahnsteig 2 in Bergedorf-Süd zwei Wartehallen für die

hachts Bevölkerung schwoll durch die vielen Fremdarbeiter und Gefangenen von 8 500 auf etwa das Doppelte an, dazu kamen die vielen Pendler aus der Umgebung und aus Hamburg. Menschen und Maschinen leisteten unter erschwerten Umständen Unglaubliches. Man sah, was dieser Betrieb tatsächlich zu leisten imstande war; und das alles, obwohl die jüngeren Mitarbeiter größtenteils Kriegsdienst versahen oder zur Reichsbahn verpflichtet waren und der Mangel an Treibstoff immer größer, die Fliegerangriffe immer störender wurden. Man hatte zwar zu den beiden Heißdampfloks zwei weitere angeschafft, Leihlok und Leihpersonenwagen von der Reichsbahn verstärkten den Betrieb. Aber so mancher schwere Güterzug mußte in der Steigung vor einem »Halt«-zeigenden Signal erneut Anlauf nehmen, manches Rohrlecken verursachte Ausfälle, mancher Kriegsgefangene in den Rotten versuchte, durch Sabotageakte den Betrieb zu stören. Aber der Betrieb lief.

Dampfzug der BGE im Bahnhof Geesthacht am 13. 5. 1950. Im Bild die Lok 25 (Henschel 1940, Nr. 25050).

Der Krieg ist beendet

Nach Kriegsende (Mai 1945) mußte ein starker Verkehrsrückgang verzeichnet werden. Durch Stillegung der Pulverfabriken in Krümmel und Düneberg sank der Personenverkehr um 46%, der Güterverkehr sogar um 60%. Zunächst versuchte eine Handvoll ihrer BGE verbundenen Männer das Beste aus den Trümmern des Krieges zu machen. Es schien ihnen zunächst auch zu gelingen, wenn auch unter veränderten Vorzeichen, das Verkehrsaufkommen sank jedoch weiter.
Am 22. März 1946 starb Alois Tressel. Unter ihm war der Betrieb eine große Familie, er kannte jeden Mitarbeiter persönlich und duldete keine Benachteiligung, nicht einmal aus politischen Gründen.
Neuer Vorstand wurde am 4. Januar 1946 Heinrich Dohmwirth. Zum Stellvertreter bestellte man am 22. April 1948 Walter Schäfers, der 1912 bereits von der Haderslebener Kreisbahn zur BGE gekommen war, nach einigen Jahren das Betriebsbüro übernahm und den Grundstock für den Omnibusbetrieb der BGE gelegt hat.
Ab 1947 konnte endlich wieder eine Steigerung des Verkehrsaufkommens verzeichnet werden. Die Einnahmen ergaben sich zu 28% aus dem Personen- und zu 72% aus dem Güterverkehr. Zur Verhinderung von Diebstählen, die enorm zugenommen hatten, stellte die BGE 1947 eine eigene Bahnpolizei auf. In diesem Jahr wurden 35 Personenwagen und ein Post-Pack-Wagen an die AKN vermietet. Ein Triebwagen fiel vorübergehend durch Brandschaden aus.
1948 löste man die eigene Bahnpolizei wieder auf.
Die Geschäftsjahre 1948 bis 1950 schlossen für die Berge-

Bild oben: Rotte der BGE kurz nach dem Zweiten Weltkrieg.

Bild unten: Dieselhydraulische Lok Nr. 3 (O & K) (360 PS) am 19. 3. 1948 mit einem Personenzug im Bahnhof Geesthacht.

dorf-Geesthachter-Eisenbahn mit Verlust ab, aufgrund der allgemeinen schlechten Wirtschaftslage und der hohen Arbeitslosigkeit nicht verwunderlich.
Der aber langsam einsetzende wirtschaftliche Aufschwung brachte nun auch für die Bergedorf-Geesthachter-Eisenbahn wieder bessere Ergebnisse. 1950 wurden von ihr 2392000 Personen und 468000 t Güter (ohne Lkw- und Busbetrieb) befördert.
Mit Beginn des Sommerfahrplanes 1951 (am 20. Mai 1951) wurden wieder direkte Züge von Hamburg aus bis Geesthacht und teilweise auch bis Zollenspieker gefahren. Ein entsprechender Vertrag war am 16. Mai 1951 zwischen der Deutschen Bundesbahn und der Bergedorf-Geesthachter-Eisenbahn abgeschlossen worden. § 1 dieses Vertrages sieht vor, *»zur Erleichterung des Berufsverkehrs an Werktagen und des Ausflugsverkehrs an Sonn- und Festtagen sollen von Geesthacht nach Berliner Tor oder darüber hinaus und umgekehrt Züge gefahren werden, welche ohne Berührung des Bahnhofs Hamburg-Bergedorf unmittelbar über die Abzweigstelle Bk verkehren.«* (Die Überführung über die Bundesbahngleise in Höhe des DB-Bahnhofes Mittlerer Landweg war in den letzten Kriegsjahren zerstört worden).
Die BGE beschaffte für diesen Betrieb bis Hamburg zwei neue Triebwagen (Esslinger). Ich kann mich noch gut daran erinnern, daß diese durchgehenden Berufszüge immer außerordentlich gut ausgelastet waren. Besonders die Geesthachter Bevölkerung war erfreut über diese direkte Verbindung mit Hamburg, hatte doch dort der größte Teil der Arbeitnehmer seinen Arbeitsplatz. Auch die Bergedorf-Geesthachter-Eisenbahn konnte durch die Fahrten bis Hamburg erhebliche Mehreinnahmen verbuchen.
Eine ungünstige Fahrplanpolitik zugunsten des konkurrierenden Busbetriebes der BGE machte es der Eisenbahn jedoch schwer, mit den steigenden Beförderungszahlen der Autobusse mitzuhalten. Noch 1951 konnte die Bahn 1850566 Personen befördern. Im gleichen Zeitraum kamen die Busse der BGE bei einem erheblich längeren Streckennetz auf 4667658 Personen. Der Vergleich der Fahrpläne dieser Jahre zeigt diese unglückliche Veränderung, die zu Lasten der Bahn ging, deutlich auf.

Bild oben: Empfangsgebäude des Bahnhofes Bergedorf (für die BGE Bahnhof Bergedorf-Nord), das nach der Höherlegung der Gleise 1937 eröffnet wurde. Diese Aufnahme entstand am 9. 9. 1947. Zu erkennen ist die Überdachung des Bahnsteiges 1, von dem die BGE abfuhr (links im Bild).

Bild unten: Diesellok Nr. 2 (Klöckner 1948) am 16. 6. 1951 im Bahnhof Berliner-Tor vor einem BGE-Zug.

Bild oben: Aus dem Fahrplan 1951 der Bergedorf-Geesthachter-Eisenbahn AG

Bild unten: VT 3 und VT 4 1952 in Hamburg Hbf., Gleis 5. Welche bequeme Verbindung für die Geesthachter mit Hamburg! Rechts im Bild ist noch die Halterung für die alte Wechselstrom-S-Bahn zu erkennen.

Das Ende des Personenverkehrs auf der BGE

Weist der Winterfahrplan 1951 montags bis freitags noch 15 Zugpaare (davon jeweils zwei durchgehend bis Hamburg), sonnabends 14 und sonntags 9 Zugpaare aus, so sind es im Sommerfahrplan 1953 montags bis freitags nur noch 12 (Betriebsruhe von 8.00 bis ca. 16.00 Uhr!), sonnabends ebenfalls 12 (Betriebsruhe ab ca. 16.00 Uhr) und sonntags 8 Zugpaare. Den durchgehenden Personenverkehr bis Hamburg gab es im Sommerfahrplan 1953 überhaupt nicht mehr.

Bei den Bussen, die — mit wenigen Ausnahmen — durchgehend von Geesthacht bis Hamburg ZOB verkehrten, gab es ein ganz anderes Ergebnis (gezählt sind hier die Fahrten zwischen Geesthacht und Bergedorf):

Mo-Fr	1951 - 17 Fahrten, 1953 - 26 Fahrten
Sa	1951 - 18 Fahrten, 1953 - 28 Fahrten
So	1951 - 9 Fahrten, 1953 - 15 Fahrten.

Einer der Gründe für dieses unterschiedliche Fahrgastaufkommen mit der ständigen Abwanderung zu den Bussen mag auch in der Tarifpolitik der BGE gelegen haben. In den Tarifbestimmungen der BGE vom 1.12.1952 ist der auf den Seiten 82 und 83 stehende Text, den ich hier im Original wiedergeben möchte, abgedruckt.

1953 wurde Dr. Hans Tappert Vorstand der BGE.

Mit Beginn dieses Jahres wurde in der Öffentlichkeit die Gewißheit immer stärker, daß der Personenverkehr nun doch wohl auf der Bahn bald eingestellt werden würde, zumal für die Vierländer Bahn der Termin bereits feststand. Sie beförderte ihre Fahrgäste zum letzten Mal am

Hafenanschlußgleis am Geesthachter Hafen.

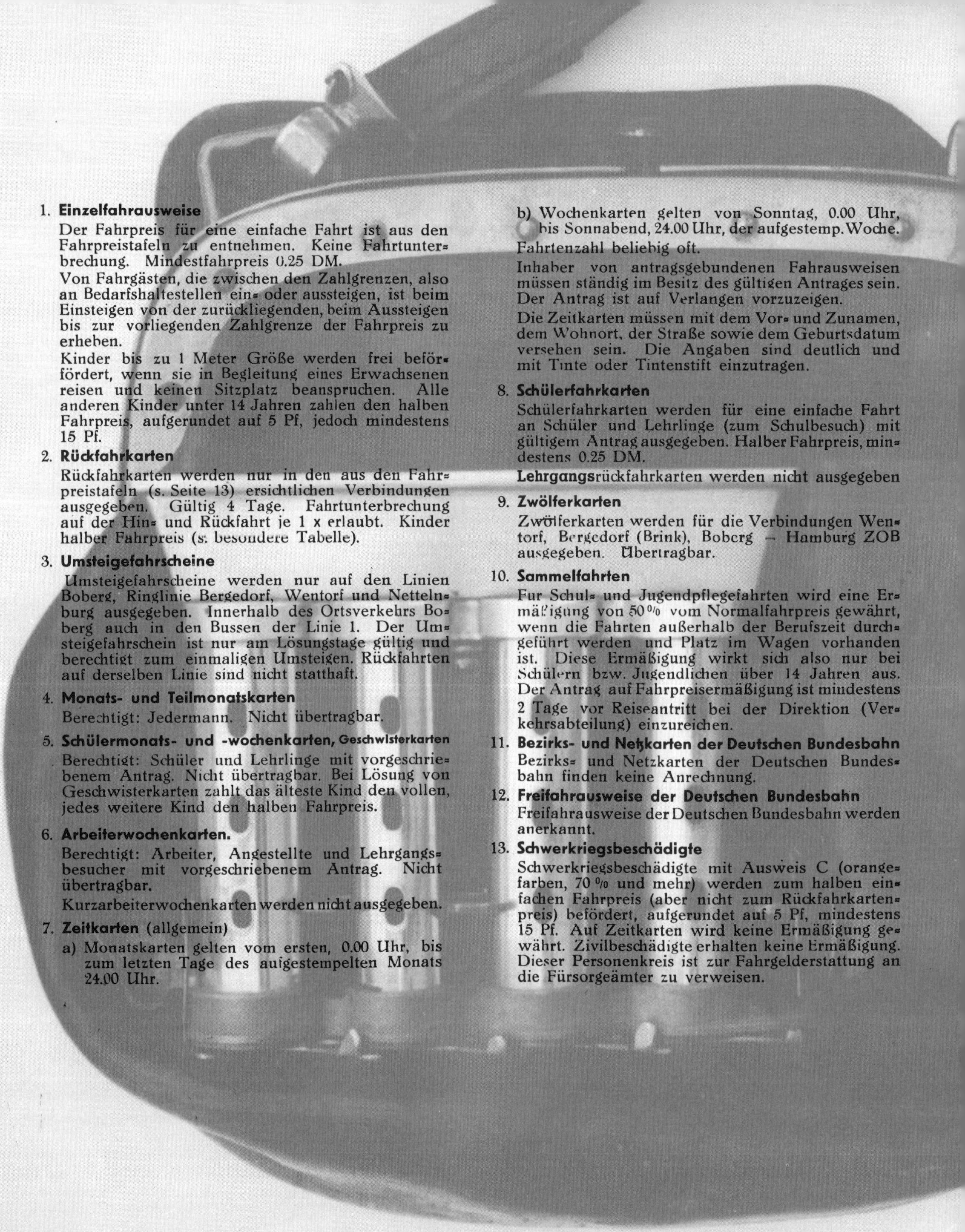

1. **Einzelfahrausweise**

Der Fahrpreis für eine einfache Fahrt ist aus den Fahrpreistafeln zu entnehmen. Keine Fahrtunterbrechung. Mindestfahrpreis 0.25 DM.

Von Fahrgästen, die zwischen den Zahlgrenzen, also an Bedarfshaltestellen ein- oder aussteigen, ist beim Einsteigen von der zurückliegenden, beim Aussteigen bis zur vorliegenden Zahlgrenze der Fahrpreis zu erheben.

Kinder bis zu 1 Meter Größe werden frei beför-fördert, wenn sie in Begleitung eines Erwachsenen reisen und keinen Sitzplatz beanspruchen. Alle anderen Kinder unter 14 Jahren zahlen den halben Fahrpreis, aufgerundet auf 5 Pf, jedoch mindestens 15 Pf.

2. **Rückfahrkarten**

Rückfahrkarten werden nur in den aus den Fahrpreistafeln (s. Seite 13) ersichtlichen Verbindungen ausgegeben. Gültig 4 Tage. Fahrtunterbrechung auf der Hin- und Rückfahrt je 1 x erlaubt. Kinder halber Fahrpreis (s. besondere Tabelle).

3. **Umsteigefahrscheine**

Umsteigefahrscheine werden nur auf den Linien Boberg, Ringlinie Bergedorf, Wentorf und Netteln-burg ausgegeben. Innerhalb des Ortsverkehrs Boberg auch in den Bussen der Linie 1. Der Umsteigefahrschein ist nur am Lösungstage gültig und berechtigt zum einmaligen Umsteigen. Rückfahrten auf derselben Linie sind nicht statthaft.

4. **Monats- und Teilmonatskarten**

Berechtigt: Jedermann. Nicht übertragbar.

5. **Schülermonats- und -wochenkarten, Geschwisterkarten**

Berechtigt: Schüler und Lehrlinge mit vorgeschriebenem Antrag. Nicht übertragbar. Bei Lösung von Geschwisterkarten zahlt das älteste Kind den vollen, jedes weitere Kind den halben Fahrpreis.

6. **Arbeiterwochenkarten.**

Berechtigt: Arbeiter, Angestellte und Lehrgangsbesucher mit vorgeschriebenem Antrag. Nicht übertragbar.

Kurzarbeiterwochenkarten werden nicht ausgegeben.

7. **Zeitkarten** (allgemein)

a) Monatskarten gelten vom ersten, 0.00 Uhr, bis zum letzten Tage des aufgestempelten Monats 24.00 Uhr.

b) Wochenkarten gelten von Sonntag, 0.00 Uhr, bis Sonnabend, 24.00 Uhr, der aufgestemp. Woche.

Fahrtenzahl beliebig oft.

Inhaber von antragsgebundenen Fahrausweisen müssen ständig im Besitz des gültigen Antrages sein. Der Antrag ist auf Verlangen vorzuzeigen.

Die Zeitkarten müssen mit dem Vor- und Zunamen, dem Wohnort, der Straße sowie dem Geburtsdatum versehen sein. Die Angaben sind deutlich und mit Tinte oder Tintenstift einzutragen.

8. **Schülerfahrkarten**

Schülerfahrkarten werden für eine einfache Fahrt an Schüler und Lehrlinge (zum Schulbesuch) mit gültigem Antrag ausgegeben. Halber Fahrpreis, mindestens 0.25 DM.

Lehrgangsrückfahrkarten werden nicht ausgegeben

9. **Zwölferkarten**

Zwölferkarten werden für die Verbindungen Wentorf, Bergedorf (Brink), Boberg – Hamburg ZOB ausgegeben. Übertragbar.

10. **Sammelfahrten**

Für Schul- und Jugendpflegefahrten wird eine Ermäßigung von 50 % vom Normalfahrpreis gewährt, wenn die Fahrten außerhalb der Berufszeit durchgeführt werden und Platz im Wagen vorhanden ist. Diese Ermäßigung wirkt sich also nur bei Schülern bzw. Jugendlichen über 14 Jahren aus. Der Antrag auf Fahrpreisermäßigung ist mindestens 2 Tage vor Reiseantritt bei der Direktion (Verkehrsabteilung) einzureichen.

11. **Bezirks- und Netzkarten der Deutschen Bundesbahn**

Bezirks- und Netzkarten der Deutschen Bundesbahn finden keine Anrechnung.

12. **Freifahrausweise der Deutschen Bundesbahn**

Freifahrausweise der Deutschen Bundesbahn werden anerkannt.

13. **Schwerkriegsbeschädigte**

Schwerkriegsbeschädigte mit Ausweis C (orangefarben, 70 % und mehr) werden zum halben einfachen Fahrpreis (aber nicht zum Rückfahrkartenpreis) befördert, aufgerundet auf 5 Pf, mindestens 15 Pf. Auf Zeitkarten wird keine Ermäßigung gewährt. Zivilbeschädigte erhalten keine Ermäßigung. Dieser Personenkreis ist zur Fahrgelderstattung an die Fürsorgeämter zu verweisen.

14. **Hirnverletzte und Kriegsblinde**

Hirnverletzte mit Ausweis C (orangefarben, 70% und mehr) und Kriegsblinde mit amtlichem Ausweis werden frei befördert. 50% Ermäßigung hat ein amtlich zugelassener Begleiter, wenn beide gemeinsam reisen. Der Führhund eines Kriegsblinden wird frei befördert, wenn der Kriegsblinde nicht in Begleitung einer Person reist, d. h. reist der Kriegsblinde mit einem Führhund, dann hat der Begleiter den vollen Fahrpreis zu bezahlen.

15. **Hunde und Kleintiere**

Schoßhunde und Kleintiere werden frei befördert, soweit sie nicht größer als ein Dackel und auf dem Schoß oder im Arm getragen werden. Größere Hunde werden zum vollen Fahrpreis befördert. Der Schaffner ist berechtigt, den Führer des Hundes anzuweisen, dem Hund einen Maulkorb anzulegen, wenn die Sicherheit der Fahrgäste gefährdet ist. Außerdem haftet der Führer für alle Schäden und Verunreinigungen, die durch sein Tier verursacht werden.

Polizeihunde werden auf Dienstreisen frei befördert.

16. **Gepäck**

Kleines Handgepäck wird frei befördert. Kinderkarre halber Fahrpreis, Kinderwagen voller Fahrpreis (kein Beförderungszwang).

Größeres Gepäck: Bis 30 kg wird der halbe Fahrpreis pro Stück und über 30 kg der volle Fahrpreis erhoben.

Sperrige Güter werden zum vollen Fahrpreis befördert. Eine Beförderungspflicht besteht nicht.

Gepäck kann, auch ohne daß jemand mitfährt, befördert werden. Der Absender und der Empfänger sind genau anzugeben. Die Abholung muß gewährleistet sein. Die Fahrscheine sind haltbar am Gepäckstück anzubringen.

Fahrräder sind von der Beförderung ausgeschlossen.

Mitgeführte Trauerkränze werden frei befördert.

17. **Zeitungen und Briefbeutel**

Es erfolgt monatl. Verrechnung lt. Vereinbarung.

18. **Rauchen**

Rauchen ist nur im Anhänger, bei Sonderfahrten auch im Triebwagen gestattet. Zuwiderhandlungen werden mit 2.00 DM geahndet.

19. **Verunreinigungen**

Reisende, die vorsätzlich oder fahrlässig den Wagen verunreinigen, BGE-Eigentum beschädigen oder zerstören, müssen die Reinigungs-, Instandsetzungs- oder Wiederbeschaffungskosten tragen. Die Reinigungsgebühr beträgt mindestens 2.00 DM.

20. **Fahrgeldhinterziehungen**

Reisende, die ohne gültigen Fahrausweis angetroffen werden, haben den doppelten Fahrpreis, mindestens 3.00 DM zu zahlen; unbeschadet einer evtl. strafrechtlichen Verfolgung.

21. **Fahrgelderstattungen**

Für nicht ausgenutzte Fahrausweise (Rückfahrkarten und Zeitkarten) kann in besonderen Fällen (z. B. Arbeitsverlust, Krankheit, Tod usw.) nach Abzug entsprechender Einzelfahrten bzw. Teilmonatskarten und einer Verwaltungsgebühr Ersatz geleistet werden. Maßgebend ist der Tag der Abgabe. Ein Anspruch auf Erstattung besteht nicht, wenn die Begründung des Antrages nicht glaubhaft oder unvollständig ist.

22. **Polizeibeamte**

Polizeibeamte mit Jahreskarte der BGE werden frei befördert. Alle anderen haben Monatskarten zu den von der Direktion festgesetzten Preisen zu lösen. Diese Karten haben nur Gültigkeit zur Fahrt zwischen Wohn- und Dienstort.

23. **Sonderfahrten**

Sonderfahrten werden nach Vereinbarung mit der Direktion durchgeführt.

24. **Badekarten**

Badekarten für die Linie 13 (Hamburg ZOB – Zollenspieker bzw. Fünfhausen) werden nur in den Sommermonaten (1. 5. – 30. 9.) ausgegeben.

25. **Gutscheine der Sozialbehörden**

Die Gutscheine der Sozialbehörde werden anerkannt. Es sind Fahrscheine auszugeben, aber es ist kein Fahrgeld zu erheben. Der Fahrpreis ist in der vorgesehenen Spalte im Gutschein einzutragen. Der Gutschein ist als Bargeld auf dem Bahnhof Hamburg-Bergedorf Süd abzuliefern.

Bild links: 4-achsiger
Triebwagen (VT 4) Nr. 4 mit 2-achsigem
Beiwagen im Bahnhof Bergedorf-Nord am 29. 6. 1953. Rechts im
Bild der Warteraum für die Fahrgäste.
Bild rechts: 100 m-Radius-Kurve zwischen den Bahnhöfen Bergedorf-Nord und Bergedorf-Süd.
Die links im Bild geradeaus führenden Gleise führen unter Umgehung des Bahnhofes
Bergedorf-Nord direkt zur Strecke Hamburg-Büchen und ermöglichten die
direkte Einführung der BGE-Züge in diese Strecke in Richtung Hamburg.
Dieses Foto entstand am 29. 6. 1953 kurz vor der Einstellung
des Personenverkehrs auf der Geesthachter Strecke.

Bild links: Letzter direkter Zug von Hamburg-Hbf. nach Geesthacht in Bergedorf-Süd 1953. Links im Bild ein Triebwagen, der nach Zollenspieker fährt, im Hintergrund der Lokschuppen.

Bild unten: Die Bahn fuhr auch pünktlich im Winter. Auf dem Foto die BGE-Lok Nr. 23 mit den alten BGE.ern Otto (?) Schöppe und Hermann Heuer.

Bahnhof Geesthacht mit ausfahrendem VT-Zug am 29. 6. 1953. Am Bahnsteigende erkennt man den Dienstraum (Einheitsbauweise). Dahinter das Stellwerk Geesthacht, das heute (Juni 1977) noch als Ruine zu sehen ist. Rechts im Bild der Wasserturm. Im Hintergrund links beginnt das Gelände der Düneberger Pulverfabrik.

Bild links: Traurige Zeugnisse einer einst stolzen Eisenbahn: Die enge Kurve vor dem Bergedorfer Endbahnhof mit dem ersten Kilometerstein (0,5 km).

16. Mai 1953. Die ebenfalls geplante Stillegung der Stammstrecke von Geesthacht nach Bergedorf wurde aber nicht ganz ohne Kritik hingenommen. Die Bergedorfer Zeitung berichtete in ihrer Ausgabe vom 17. Januar 1953 über die Ratsversammlung der Geesthachter Stadtvertreter:

»... Am meisten erregten sich die Gemüter der Stadtvertreter bei dem Punkt der Tagesordnung, der sich mit der vom Hamburger Senat beabsichtigten Stillegung des Eisenbahn-Personenverkehrs Geesthacht-Bergedorf-Hamburg befaßt. Die Erregung der Stadtvertreter war das Spiegelbild der Geesthachter Bevölkerung, die eine solche Entwicklung nicht begreifen kann.

... Die Ratsversammlung, die sich eingehend mit dieser Angelegenheit gestern abend befaßte, kam zu folgender Entschließung, die allen maßgeblichen Stellen zugänglich gemacht werden soll, ...: Die Ratsversammlung hat davon Kenntnis erhalten, daß die Absicht besteht, ab 1. 4. d. J. den Personenverkehr auf der Eisenbahnlinie Geesthacht-Bergedorf-Hamburg einzustellen, um diesen nur noch mit Omnibussen durchzuführen.

Da nach den gerade in jüngster Zeit gesammelten Erfahrungen erwiesen ist, daß diese Verlagerung des Personenverkehrs kaum reibungslos vonstatten gehen dürfte und verkehrs- und betriebstechnische Schwierigkeiten bereiten wird, sieht die Ratsversammlung dieser für die Bevölkerung der Stadt Geesthacht verhängnisvollen Entwicklung mit größter Besorgnis entgegen und richtet an den Senat der Hansestadt Hamburg und an die Direktion der Bergedorf-Geesthachter Eisenbahn AG die Bitte, im Rahmen des Möglichen bemüht zu sein, Mittel und Wege zu finden, die drohende Stillegung des Eisenbahnverkehrs zu verhindern und die Bahn nicht zum 1. April 1953 stillzulegen, damit die Gelegenheit gegeben ist, eine allen Teilen gerecht werdende Lösung zu finden.

Besonders den engen wirtschaftlichen Beziehungen der beiden Städte Hamburg und Geesthacht und den Bemühungen Geesthachts um die Ansiedlung von Industriebetrieben dürfte die beabsichtigte Stillegung äußerst abträglich sein.

Aber auch schon im Interesse der 1200 in der Hansestadt Hamburg beschäftigten Geesthachter Einwohner, die durch die beabsichtigte Maßnahme gezwungen sein werden, höhere Fahrpreise zu entrichten, und zum anderen, besonders in den Wintermonaten, nicht die Gewähr haben, ihre Arbeitsstätte pünktlich zu erreichen, fühlt die Ratsversammlung der Stadt Geesthacht sich verpflichtet, mit besonderem Nachdruck gegen die Stillegung des Eisenbahnverkehrs Stellung zu nehmen.

Die Stadt Geesthacht wird jederzeit bereit und bemüht sein, helfend und unterstützend das ihr Mögliche zur Abwendung der geplanten Stillegungsmaßnahmen zu tun.«

Man konnte noch einen Aufschub erreichen, aber am 26. Oktober 1953 wurde auch der Personenverkehr nach Geesthacht eingestellt. Erstmalig seit fast 50 Jahren war die Bevölkerung Geesthachts und der Orte Escheburg und Börnsen wieder auf die Straße angewiesen. Geesthacht — als größte Stadt des Kreises Herzogtum Lauenburg — war wieder ohne Eisenbahnpersonenverkehr.

Die letzten Züge nach Geesthacht

Zitieren wir nochmals die Bergedorfer Zeitung; diesmal aus ihrer Ausgabe vom 22. Oktober 1953:
»Die letzten Züge nach Geesthacht
Die Direktion der BGE teilt mit: Es ist uns aus den der Öffentlichkeit bereits seit längerer Zeit bekannten Gründen nicht möglich, den Eisenbahnpersonenverkehr Bergedorf – Geesthacht weiterhin aufrecht zu erhalten. Er wird daher entsprechend dem Beschluß der Bürgerschaft (Sitzungen vom 25. bis 31. März 1953) ab Montag, 26. Oktober, stillgelegt.«
Nichts weiter: Der Eisenbahnpersonenverkehr wird einfach stillgelegt!
Somit hatte eine stolze Privatbahn ein schnelles Ende gefunden. Alle, die die Bergedorf-Geesthachter-Eisenbahn ins Herz geschlossen hatten, ob innerhalb oder außerhalb des Betriebes stehend, werden sie jedoch trotzdem nie vergessen. Daß sie immer noch auf ein Wunder hoffen, in dieser oder jener Form — wer will es ihnen verübeln?
Welcher Eisenbahner der BGE erinnert sich nicht noch heute an die damaligen Zeiten? Erinnerungen werden wach an die Herren Oberbahnhofsvorsteher, jeder für sich ein kleiner König, deren aktive Betätigung allerdings jeden heutigen Träger dieses Amtes neidisch machen könnte. Erinnerungen werden wach an die alten Zugführer, in erster Linie Respektspersonen, von denen zwei so kugelrund waren, daß sie sich die Hände kaum zum Gruße reichen konnten. Ein anderer konnte an »guten Tagen« auf der Vierländer Strecke keinen Zug abpfeifen, bevor ihm der Bahnhofswirt nicht eine »Stärkung« gereicht hatte; trotzdem lief alles nach Vorschrift ab, und er fiel keineswegs aus dem Zug. Erinnerungen werden wach an die »Schwarzen«, von denen der Billbrooker Lokführer Buttgereit, ein waschechter Ostpreuße, immer eine Flinte auf der Maschine hatte, um gegebenenfalls mal eben vom Führerstand aus einen Hasen zu schießen, den der Heizer an Bord holen mußte. Man erinnert sich an den Sekretär Kiehn, der sich meistens mit »Herr Kiehn« am Telefon meldete und beim Kassensturz zunächst nur die Pfennige zählte, und wenn sie mit dem Soll übereinstimmten, das weitere Zählen mit den Worten »Wenn de Penns stimmt, stimmt dat anner ok« nicht mehr für nötig hielt. Wenn ein alter BGEer ins Erzählen kommt, dann könnte man mit den vielen Anekdoten und Erinnerungen noch manche Seite füllen.
Kurze Zeit nach der Stillegung des Personenverkehrs erfolgte der Güterverkehr nach Geesthacht nur noch eingleisig. Die Stellwerke und Bahnhöfe wurden stillgelegt, das Personal entlassen oder vom Busbetrieb übernommen.
Am 1. September 1953 übernahm die BGE die Verkehrsbetriebe des Kreises Stormarn für eigene Rechnung und damit die Reststrecke von Billbrook bis Glinde.
Unter der mittlerweile geänderten Firmenbezeichnung VHH. (Verkehrsbetriebe-Hamburg-Holstein AG) konnte 1954 ein leichter Anstieg des Güterverkehrs auf der Strecke Bergedorf — Geesthacht verzeichnet werden.
1955 begann der Abbau des zweiten Gleises. Die VHH besaß für den Güterverkehr zu diesem Zeitpunkt 6 neue Diesselloks.
Am 1. Januar 1956 wurde der gesamte Eisenbahnbetrieb der VHH an die AKN verkauft bzw. verpachtet.

Bild links: Traurige Reste eines BGE-Wagens. Unser Foto zeigt die Untergestelle der Wagen Nr. 38 und 42 vor der Verschrottung im Bahnhof Eidelstedt-Ost der AKN.

Bild rechts: Trauriger Rest eines BGE-Wagens (hier der BC Nr. 5 im Oktober 1972 in Eidelstedt-Ost).

Bild unten: Der erste Personenwagen der BGE (BCi Nr. 1) hat hier nur noch Schrottwert. Unser Foto entstand in Eidelstedt/Ost.

Die Vierländer-Bahn

Am 25. März 1911 wurde mit dem Bau der Vierländer Bahn begonnen. Von der BGE-Stammstrecke sollte sie etwa 1 km hinter dem Bahnhof Bergedorf-Süd in Richtung Süden abzweigen und über die Stationen Pollhof, Curslack-Neuengamme, Kirchwerder-Nord und Zollenspieker-Querweg nach Zollenspieker führen. Sie durchschnitt die Vierlande auf einem fast geraden Bahndamm, der eigens aufgeschüttet werden mußte.

Am 1. April 1912 wurde diese Zweiglinie der BGE feierlich eröffnet.

Der Zweck dieses Bahnbaues war neben der Errichtung eines modernen Personenverkehrs in die Vierlande die schnelle Abfuhr der landwirtschaftlichen Erzeugnisse. Die Vier- und Marschlande spielten schon Anfang dieses Jahrhunderts eine große Rolle als Produktionsbasis für Gemüse, Obst und Blumen, mit dem wesentlichen Unterschied gegenüber heute allerdings, daß damals neben Hamburg, Altona und der engeren Umgebung auch die Stadt Berlin hervorragend als Abnehmerin der Produkte auftrat. Deshalb wurde die Bahn, welche in erster Linie die Erzeugnisse von den Elbkähnen weg auf den schnelleren Schienenweg ziehen sollte, auch von Bergedorf anstelle von Hamburg ausgerichtet. So konnte sie die in Straßendorfform angelegten Vierländer Gemeinden nur in deren Mittelpunkt lotrecht schneiden, was ihr später nach Ausbau der Deichstraßen für schweren Straßenverkehr zum Nachteil gereichte. Der erwartete Eisenbahn-Zulieferverkehr zum Hamburger Markt fand dann auch nie statt.

Die BGE organisierte daher einen Lastwagenverkehr aus Vierlanden zum Hamburger Gemüsemarkt. Das war gar nicht so einfach, da man damals schon für das Befahren der Deiche mit einem Pkw eine Sondergenehmigung benötigte. So konnte man im Anhängerbetrieb die zu schwachen Straßenbrücken über die Dove- und Gose-Elbe nur derart befahren, als der Lkw den Anhänger an einer langen Kette hinter sich herzog und sich somit stets nur ein Fahrzeug auf der Brücke befand. Da die Kutscher diese Prozedur nicht allzugern vollzogen, wurde dabei natürlich auch einmal geschummelt. Als sie sich wieder einmal unbeobachtet glaubten, erstattete die Polizei Anzeige, und der Betriebsleiter mußte vor Gericht. Das hatte zur Folge, daß eine Art Vorläufer zum heutigen modernen Huckepackverkehr aufgezogen wurde, indem LKW und Anhänger auf X-Wagen verladen wurden und von Zollenspieker bis Bergedorf per Schiene rollten, um von dort mit eigener Kraft zum Deichtormarkt zu fahren.

Da die Konkurrenz der Busse, die den Deichstraßen folgen und somit den Fahrgast vor seiner Haustür abholen konnten, im Personenverkehr und die der Lastwagen, die direkt zum Deichtormarkt fuhren, in den späteren Jahren immer stärker wurde, erfolgte am 17. Mai 1953 die Einstellung des Personenverkehrs. Kurze Zeit später wurde auch der Güterverkehr eingestellt und das Gleis abgebrochen. Lediglich ein kurzes Stück bis zum Bahnhof Pollhof wird heute noch bedient, doch sind dessen Tage auch gezählt, da es der im Bau befindlichen Marschenstraße weichen muß.

Bild oben: Auch die Vierländer Bahn blieb vom Krieg nicht verschont. Im Bild ein Bombentrichter am Bahndamm. Das Foto wurde am 14. 8. 1941 aufgenommen und zeigt einen Bautrupp der BGE, der die Schäden beseitigen soll.

Bild unten: Ankunft des Eröffnungszuges mit geladenen Gästen auf dem Bahnhof Curslack-Neuengamme.

Dieses Foto entstand am 29. 3. 1953 im Bahnhof Zollenspieker und zeigt links die 360-PS-Diesellok Nr. 3 und rechts die Ctn2-Lok Nr. 27.

Bild oben: Bahnhof Zollenspieker am 19. 3. 1936. Hier trafen sich die Züge der Vierländer Bahn und der Hamburger Marschbahn. Rechts und links hielten die Züge der Marschbahn (Rechts Richtung Geesthacht, links Richtung Tiefstack), in der Mitte die Züge der Vierländer-Bahn in Richtung Bergedorf-Nord. Im Hintergrund der Wasserturm.

Bild unten: Wie sich die Zeiten ändern! Dieses Foto vom Bahnhof Zollenspieker entstand am 29. 6. 1953. Der Personenverkehr war bereits eingestellt. Nur noch Güterzüge kamen vereinzelt nach hier.

Die Hamburger-Marschbahn

Von den Anfang der 20er Jahre projektierten Strecken, der Altengammer Zweigbahn, der Nördlichen- und Südlichen-Marschbahn, wurde auf Notstandsbasis nur die letztere gebaut. Sie war zumindest zwischen Geesthacht und Zollenspieker ein »totgeborenes Kind«. Sie wurde aber gebaut, um die vielen Arbeitslosen nach dem Ersten Weltkrieg eine Arbeit zu geben. Bis 1941 blieb sie Eigentum des Hamburger Staates.

Auf dem westlichen Teilstück war sie viel zu weit von den Siedlungsräumen entfernt erbaut worden, um der bereits einsetzenden Straßenkonkurrenz auf die Dauer gewachsen zu sein. Daher erwog man bereits 1934, den Betrieb wieder einzustellen. Als dann im zweiten Weltkrieg die Stammstrecke durch Fliegerangriffe unterbrochen war, konnten zwar die kriegswichtigen Güter von Geesthacht aus über die Marschbahn abgefahren werden, doch dieses war kein Grund für die Erhaltung der Bahn. Den geplanten Zubringerdienst zum Hamburger Gemüsemarkt hat sie nie ernsthaft übernehmen können. Sie war dann auch die erste Teilstrecke der BGE, die stillgelegt werden mußte.

Die wesentlichsten Daten: 21. Mai 1921 wurde das Teilstück Fünfhausen-Geesthacht eröffnet, dann, ab 1. Juni 1922, wurde das Stück Fünfhausen-Ochsenwärder befahren. Vom 1. Oktober 1928 war sie auf der Strecke Billbrook — Geesthacht voll in Betrieb, jedoch wurde das Teilstück Geesthacht — Krauel bereits 1932 wieder stillgelegt (Mai 1933 wieder eröffnet).

Bis 1941 war die BGE nur Betriebsführerin auf der dem Hamburger Staat gehörenden Hamburger Marschbahn. Am 1. Januar 1942 ging jedoch die Marschbahn in den Besitz der BGE über. In den Jahren 1950 bis 1952 wurden dann die einzelnen Streckenabschnitte nacheinander stillgelegt und später abgebaut. Heute ist der frühere Marschbahndamm ein beliebter Wanderweg durch die Vier- und Marschlande geworden.

C. Hamburg-Billbrook—Zollenspieker

Zug-Nr.	308	314	316		322	326	328	330	334	336	338	340	342
	W	**W**	**S**		**S**	**Sa**	**Mo-Fr**	**Sa**	**Mo-Fr**	**S**	**W**	**S**	**nS**
Klasse	3 oG	3 oG	2.3.		2.3.	2.3.	2.3.	3 oG	3 oG	3 oG	3 oG	3 oG	3 oG
Hbg.-Billbrook .. ab	602	925	925		1340	② 1448	① 1705	② 1705	① 1813	1837	1949	2102	009
Hamburg Hbf. .. ab	544	908	908		1320	1432	1644	1632	1756	1820	1932	2044	2350
Billw.-Moorfleet .. an	559	925	925		1338	1449	1659	1650	1813	1837	1949	2101	005
Billw.-Moorfleet ab	608	931	931		1346	1455	1711	1711	1819	1843	1955	2108	014
Moorfleet	610	933	933		1348	1457	1713	1713	1821	1845	1957	2110	016
Tatenberg	615	938	938		1353	1502	1718	1718	1825	1850	2002	2114	020
Ochsenwerder ..	620	943	943		1358	1507	1723	1723	1831	1855	2007	2120	025
Oortkaten	624	947	947		1402	1511	1728	1728	1835	1900	2011	2124	030
Fünfhausen	631	952	952		1407	1516	1733	1733	1840	1904	2015	2129	034
Kirchw.-Howe ..	636	956	956		1412	1521	1739	1739	1845	1909	2020	2134	038
Zoll.-Querweg . .	642	1002	1002		1417	1526	1745	1745	1850	1915	2026	2139	044
Zollenspieker .. an	644	1004	1004		1420	1529	1747	1747	1853	1917	2028	2142	046

① Verkehrt nicht am 24. und 31 12. 1951. ② Verkehrt auch am 24. und 31. 12. 1951.
Weitere Verbindungen siehe Omnibus-Fahrplan Linie 13.

110e Billwärder-Moorfleth–Zollenspieker–Geesthacht und zurück

Bergedorf-Geesthachter Eisenbahn AG

Alle Züge nur 3. Klasse

km	Zug Nr	W 302	W 306	W 308	310	S 362	W 316	S 368	W 318	Sa 324	S 374	W 326		W 328		334		
0,0	**Billw-Moorfleth** . . ab	. . .	w6.22	w8.43	9.37	. . .	w12.05	S14.00	w14.50	. . .	S16.35	w17.40	. . .	w18.52	. . .	19.59	. . .	. . .
0,7	Moorfleth . . [110 a	. . .	6.26	8.46	9.41	. . .	12.09	14.04	14.54	. . .	16.39	17.44	. . .	18.55	. . .	20.03	. . .	. . .
2,6	Tatenberg	. . .	6.31	8.52	9.47	. . .	12.15	14.10	15.00	. . .	16.44	17.50	. . .	19.00	. . .	20.09	. . .	. . .
5,2	Ochsenwärder	. . .	6.37	8.58	9.53	. . .	12.21	14.16	15.06	. . .	16.50	17.57	. . .	19.07	. . .	20.15	. . .	. . .
7,6	Oortkaten	. . .	6.42	9.04	9.59	. . .	12.27	14.22	15.12	. . .	16.56	18.03	. . .	19.13	. . .	20.21	. . .	. . .
9,7	Fünfhausen	w4.33	w6.46	9.09	10.05	. . .	12.32	14.27	15.17	. . .	17.01	18.08	. . .	18.18	. . .	20.26	. . .	. . .
12,2	Kirchwärder-Howe	4.39	an	9.15	10.11	. . .	12.38	14.33	15.23	. . .	17.07	18.14	. . .	19.24	. . .	20.32	. . .	. . .
15,5	Zollenspieker Querweg	4.45	. . .	9.21	10.17	. . .	12.44	14.39	15.29	. . .	17.13	18.20	. . .	19.30	. . .	20.38	. . .	. . .
16,3	Zollenspieker an	4.47	. . .	w9.23	10.19	. . .	12.46	S14.41	w15.31	. . .	17.15	w18.22	. . .	w19.32	. . .	20.41	. . .	. . .
	110 d. ⛵ 1001 c ab	4.50	. . .	. . .	↳	S10.29	12.50	. . .	↳	Sa16.26	17.22	. . .	. . .	. . .	. . .	w20.50	. . .	. . .
17,1	Zollenspieker Querweg	4.53	. . .	. . .	. . .	10.32	12.53	. . .	. . .	16.29	17.25	. . .	. . .	. . .	. . .	20.53	. . .	. . .
18,5	Teufelsort	4.58	. . .	. . .	. . .	10.36	12.58	. . .	. . .	16.34	17.29	. . .	. . .	. . .	. . .	20.58	. . .	. . .
20,8	Krauel	5.03	. . .	. . .	. . .	10.41	13.03	. . .	. . .	16.39	17.34	. . .	. . .	. . .	. . .	21.03	. . .	. . .
22,5	Kiebitzbraak	5.07	. . .	. . .	. . .	10.46	13.07	. . .	. . .	16.43	17.39	. . .	. . .	. . .	. . .	21.07	. . .	. . .
24,5	Elbdeich	5.12	. . .	. . .	. . .	10.51	13.12	. . .	. . .	Sa16.48	17.44	. . .	. . .	. . .	. . .	21.12	. . .	. . .
26,4	Altengamme	5.17	. . .	. . .	. . .	S10.55	13.17	. . .	. . .	an	S17.48	. . .	. . .	. . .	. . .	21.17	. . .	. . .
28,3	Borghorst	5.21	. . .	. . .	. . .	an	13.21	. . .	. . .	. . .	an	. . .	. . .	. . .	. . .	21.21	. . .	. . .
31,5	Brandenmoor	5.28	. . .	. . .	. . .	. . .	13.28	. . .	. . .	. . .	. . .	. . .	. . .	. . .	. . .	21.28	. . .	. . .
32,8	Düneberg . . . . . [⛵	5.31	. . .	. . .	. . .	. . .	13.31	. . .	. . .	. . .	. . .	. . .	. . .	. . .	. . .	21.31	. . .	. . .
33,7	**Geesthacht** 110 c. an	w5.33	. . .	. . .	. . .	. . .	w13.33	. . .	. . .	. . .	. . .	. . .	. . .	. . .	. . .	w21.33	. . .	. . .

km	Zug Nr	W 307	W 309	311	W 315		S 365	W 319		S 369	W 323	Sa 325	W 327	S 375	329		W 339	
0,0	**Geesthacht** 110c. ab	. . .	. . .	6.48	. . .	. . .	. . .	. . .	. . .	. . .	w14.48	. . .	. . .	. . .	. . .	. . .	w22.48	. . .
0,9	Düneberg . . . . . [⛵	. . .	. . .	6.51	. . .	. . .	. . .	. . .	. . .	. . .	14.51	. . .	. . .	. . .	. . .	. . .	22.51	. . .
2,2	Brandenmoor	. . .	. . .	6.54	. . .	. . .	. . .	. . .	. . .	. . .	14.54	. . .	. . .	. . .	. . .	. . .	22.54	. . .
5,4	Borghorst	. . .	. . .	7.02	. . .	. . .	. . .	. . .	. . .	. . .	15.02	. . .	. . .	. . .	. . .	. . .	23.02	. . .
7,3	Altengamme	. . .	. . .	7.06	. . .	. . .	S11.10	. . .	. . .	. . .	15.06	. . .	. . .	S17.54	. . .	. . .	23.06	. . .
9,2	Elbdeich	. . .	. . .	7.11	. . .	. . .	11.15	. . .	. . .	. . .	15.11	Sa 17.00	. . .	17.59	. . .	. . .	23.11	. . .
11,2	Kiebitzbraak	. . .	. . .	7.16	. . .	. . .	11.20	. . .	. . .	. . .	15.16	17.05	. . .	18.04	. . .	. . .	23.16	. . .
12,9	Krauel	. . .	. . .	7.20	. . .	. . .	11.24	. . .	. . .	. . .	15.20	17.10	. . .	18.08	. . .	. . .	23.20	. . .
15,2	Teufelsort	. . .	. . .	7.25	. . .	. . .	11.29	. . .	. . .	. . .	15.25	17.15	. . .	18.13	. . .	. . .	23.25	. . .
16,6	Zollenspieker Querweg	. . .	. . .	7.30	. . .	. . .	11.34	. . .	. . .	. . .	15.30	17.20	. . .	18.18	. . .	. . .	23.30	. . .
17,4	Zollenspieker an	. . .	. . .	7.32	. . .	. . .	11.36	. . .	. . .	. . .	15.32	Sa 17.22	↴	S18.20	↴	. . .	23.32	. . .
	110 d. ⛵ 1001 c ab	w5.02	. . .	7.40	w 9.50	. . .	11.48	w13.24	. . .	S15.00	15.37	. . .	w17.29	. . .	18.39	. . .	23.37	. . .
18,2	Zollenspieker Querweg	5.05	. . .	7.43	9.53	. . .	11.51	13.27	. . .	15.03	15.40	. . .	17.32	. . .	18.42	. . .	23.40	. . .
21,5	Kirchwärder-Howe	5.11	. . .	7.49	9.59	. . .	11.57	13.33	. . .	15.09	15.46	. . .	17.38	. . .	18.48	. . .	23.45	. . .
24,0	Fünfhausen	5.17	w6.57	7.55	10.05	. . .	12.03	13.39	. . .	15.15	15.52	. . .	17.44	. . .	18.54	. . .	w23.50	. . .
26,1	Oortkaten	5.22	7.02	8.00	10.10	. . .	12.09	13.44	. . .	15.20	15.57	. . .	17.49	. . .	18.59	. . .	an	. . .
28,5	Ochsenwärder	5.28	7.08	8.06	10.16	. . .	12.15	13.50	. . .	15.26	16.03	. . .	17.56	. . .	19.06	. . .	. . .	. . .
31,1	Tatenberg	5.34	7.14	8.12	10.22	. . .	12.21	13.56	. . .	15.32	16.09	. . .	18.02	. . .	19.12	. . .	. . .	. . .
33,0	Moorfleth . . [110 a	5.40	7.20	8.18	10.28	. . .	12.27	14.02	. . .	15.38	16.15	. . .	18.07	. . .	19.17	. . .	. . .	. . .
33,7	**Billw-Moorfleth** . . an	w5.43	w7.22	8.20	w10.31	. . .	S12.30	w14.05	. . .	S15.41	w16.18	. . .	w18.10	. . .	19.20	. . .	. . .	. . .

Weitere Halte in:	km
Spadenland	3,7
Gauert	6,4
Riepenburg	19,8

Weitere Halte in:	km
Riepenburg	31,6
Gauert	30,0
Spadenland	27,3

Bild oben: Aus dem amtlichen Hamburger Fahrplan 1944/45

Bild unten: Lok Nr. 27 am 29. 6. 1953 mit Güterzug im Bahnhof Tatenberg der Hamburger Marschbahn.

Aus dem Fahrplan 1951
der Bergedorf-Geesthachter-Eisenbahn AG.
Den Fahrplan 1951 zwischen Hamburg-Billbrook
und Zollenspieker finden Sie auf
Seite 94 unten.

B. Zollenspieker—Hamburg-Bergedorf

Zug-Nr.	204	206	212	214	216	218	220	222	226	228	230	232	234
	W	**W**	**W**	**S**	**W**	**W**	**S**	**Sa**	**S**	**Mo-Fr**	**Sa**	**S**	**W**
Klasse	3 oG	3 oG	3 oG	2.3.	3 oG	3 oG	2.3	3 oG	2.3.	3 oG	3 oG	2.3.	2.3.
								②		①	②		
Zollenspieker .... ab	6 01	7 09	9 00	9 52	10 15	12 16	13 03	13 42	14 30	15 52	16 01	17 40	18 16
Zoll.-Querweg .	6 04	7 12	9 03	9 55	10 18	12 19	13 06	|	14 33	15 55	16 04	17 43	18 19
Kirchwerder-Nord .	6 09	7 16	9 08	10 00	10 23	12 24	13 11	13 49	14 37	16 00	16 08	17 47	18 24
Curslack-Neueng. .	6 16	7 23	9 15	10 07	10 30	12 31	13 18	14 01	14 44	16 08	16 16	17 56	18 32
Pollhof	6 22	7 29	9 21	10 13	10 36	12 37	13 24	14 07	14 50	16 14	16 22	18 02	18 38
Bergedorf-Süd	6 26	7 33	9 26	10 16	10 40	12 42	13 28	14 11	14 54	16 18	16 27	18 05	18 42
Bergedorf-BGE .. an	6 30	7 38	9 30	10 21	10 45	12 46	13 39	14 15	14 58	16 22	16 32	18 15	18 46
Hbg-Bergedorf .... ab	6 38	7 45	9 39	10 32	11 15	12 56	**h**	14 19	15 27	16 27	16 51	**h**	18 51
Hamburg-Hbf. .... an	7 07	8 13	10 07	11 01	11 43	13 25	13 55	14 43	15 55	16 55	17 19	18 31	19 19

Zug-Nr.	240	242	244	246	250
	W	**W**	**S**	**S**	**n S**
Klasse	3 oG	3 oG	2.3.	3 oG	2. 3.
Zollenspieker .... ab	19 53	20 30	20 30	23 18	0 55
Zoll.-Querweg ...	19 56	20 32	20 32	23 20	0 57
Kirchweder-Nord	20 01	20 37	20 37	23 25	1 02
Curslack-Neueng.	20 08	20 45	20 45	23 32	1 09
Pollhof	20 14	20 51	20 51	23 38	1 15
Bergedorf-Süd ...	20 19	20 56	20 56	23 42	1 18
Bergedorf-BGE .. an	20 23	21 00	21 00	23 46	—
Hbg.-Bergedorf .. ab	20 33	21 15	21 05	23 51	—
Hamburg-Hbf. .... an	21 01	21 43	21 25	0 19	—

h = Anschlußzug von Bergedorf-Süd direkt nach Berliner Tor und Hamburg Hbf. (siehe Fahrplan A.)

① verkehrt nicht am 24. und 31. Dezember 1951

② verkehrt auch am 24. und 31. Dezember 1951

Weitere Verbindungen siehe Omnibus-Fahrplan II, Linie 2

Frachtsatzzeiger für den Güterverkehr

der Hamburger Marschbahn.

Gültig ab 10. VIII. 1924.

…uf …ne …nt. …ung …n Km.	Frachtsätze in Tarifpfennig für 100 kg																			
	A. Frachtsätze für alle Güter, ausgenommen Steinkohlen, Koks und Preßkohlen aller Art																	B. Frachtsätze für Steinkohlen, Braunkohlen, Koks u. Preßkohlen		
	Stückgut		Wagenladungen																	
			Klassen																	
	Eilgut	Frachtgut	A 5	A 10	A	B 5	B 10	B	C 5	C 10	C	D 5	D 10	D	E 5	E 10	E.	E. 5	E. 10	E.
1	48	24	18	16	15	18	16	15	18	16	14	15	13	11	13	11	8	12	11	8
2	50	25	19	18	16	18	16	15	18	16	14	16	14	12	15	12	10	14	12	10
3	54	27	19	18	16	19	18	16	19	17	15	16	14	12	15	12	10	14	12	10
4	56	28	20	19	17	20	19	17	19	17	15	18	15	13	15	12	10	14	12	10
5	58	29	21	20	18	20	19	17	20	18	16	18	15	13	15	12	10	14	12	10
6	62	31	23	21	19	21	20	18	21	18	16	18	15	13	16	14	11	15	13	11
7	62	31	23	21	19	23	21	19	22	19	17	19	17	14	16	14	11	15	13	11
8	64	32	24	22	20	23	21	19	22	19	17	19	17	14	16	14	11	15	13	11
9	66	33	25	23	21	24	22	20	23	21	18	21	18	15	16	14	11	15	13	11
10	72	36	27	24	22	25	23	21	23	21	18	21	18	15	18	15	12	18	14	12
11	72	36	27	25	23	25	23	21	24	22	19	22	19	16	18	15	12	18	14	12
12	74	37	27	25	23	27	24	22	24	22	19	22	19	16	18	15	12	18	14	12
	78	39	29	27	24	27	24	22	27	23	20	22	19	16	18	15	12	18	14	12
14	80	40	31	27	25	27	25	23	27	23	20	23	20	17	19	16	13	18	15	12
15	80	40	31	29	27	29	27	24	27	24	21	23	20	17	19	16	13	18	15	12
16	82	41	31	29	27	29	27	24	27	24	21	25	21	18	19	16	13	18	15	12
17	88	44	32	31	27	31	27	25	28	25	22	25	21	18	19	16	13	18	15	12
18	90	45	33	31	28	31	29	27	31	27	23	25	21	18	21	17	14	20	16	13
19	90	45	36	32	29	31	29	27	31	27	23	27	23	19	21	17	14	20	16	13
20	94	47	36	33	31	32	31	27	31	27	24	27	23	19	21	17	14	20	16	13

Die Billwerder-Industriebahn

Wie bereits an anderer Stelle gesagt, war der Zweck des Baues der Billwerder Industriebahn der Anschluß der umfangreichen Industrie im Raume Billbrook-Billstedt-Moorfleet an die Staatsbahn. Die Übergabe erfolgte am Bahnhof Tiefstack/Rothenburgsort. Am 1. August 1907 wurde der Betrieb aufgenommen.

Am 17. Dezember 1907 nahm die Südstormarnsche Kreisbahn ihren Betrieb auf und benutzte die Gleisanlagen der Billwerder Industriebahn vom Bahnhof Billstedt bis zum Endbahnhof Tiefstack mit. Später wurden die Gleisanlagen auch von der Hamburger-Marschbahn mitbenutzt.

1927 bediente die Billwerder Industriebahn 27 Gleisanschlüsse, heute, 1977, sind es ca. 150.

Am 21. Oktober 1921 wurde die Billwerder Industriebahn von der Bergedorf-Geesthachter Eisenbahn übernommen und am 1. Januar 1956 von der AKN.

Die Krümmel-Bahn

Unweit des Bahnhofes Geesthacht besaß die Krümmel-Bahn ihren Bahnhof Sandstraße, bis zu dem die Fahrgäste gehen mußten, wenn sie weiter nach Krümmel fahren wollten. Für den Güterverkehr bestand dieses Verbindungsgleis. Rechts im Bild das Stumpfgleis für die Hartsteinwerke.

Bereits am 1. April 1866 wurde zwischen Geesthacht und Tesperhude am Krümmel von der »Alfred Nobel AG« eine Nitroglycerin- und Zündhütchenfabrik errichtet. Die Erzeugnisse dieser Fabrik wurden zunächst auf dem Wasserwege transportiert.

1876 wurde in den Besenhorster Sandbergen von der Pulverfabrik Rottweil-Hamburg AG die Düneberger Pulverfabrik gegründet, die ab 1891 mit der Krümmeler Fabrik zusammenarbeitete. Aufgrund der vorgenannten schlechten Verkehrsanbindungen beteiligten sich diese beiden Fabriken recht lebhaft an der Aktienzeichnung für die geplante BGE, weil gerade dieser Industriezweig den direkten Anschluß an das deutsche bzw. preußische Schienennetz dringend benötigte.

Sogleich nach der Eröffnung der BGE 1906 erhielt die Düneberger Fabrik ihren ersten Gleisanschluß. Krümmel jedoch mußte noch warten, da sich damals ein dortiger Gleisanschluß als unrentabel erwiesen hatte. Die Erzeugnisse wurden vorerst in Geesthacht am Bahnhof verladen.

Erst der 1. Weltkrieg mit dem enorm ansteigenden Bedarf der Erzeugnisse der Krümmeler Pulverfabrik sowie die kriegsbedingte Ausweitung des Betriebes und somit der damit verbundenen Anwerbung von neuen Arbeitskräften vornehmlich aus Hamburg erforderte jetzt zwingend den Bahnanschluß.

Anfang Oktober 1915 begann der Ausbau der Strecke von Geesthacht, vorerst bis zum Bahnhof Krümmel (direkt am

Elbufer vor dem Tor der Pulverfabrik gelegen). Am 24. Juni 1916 war auch die ansteigende Rampe zum Fabrikgelände fast fertiggestellt. Wie bereits an anderer Stelle vermerkt, beförderte die Krümmelbahn im 1. Weltkrieg bis Geesthacht bis zu 16 Personenzugpaare, die alle Anschluß an die Züge der BGE hatten.
Nach Kriegsende sanken diese Zahlen rapide. Die Züge fuhren dann nur noch bis zum Bahnhof Sandstraße.
Erst 1933 stieg die Arbeitsleistung der Fabrik und damit der Schienenverkehr auf der Krümmelbahn wieder an.
1936 schaffte sich die Krümmelbahn eine weitere Batterielok für die Fahrten in das nunmehr enorm nach Norden erweiterte Gebiet an. Der zweite Weltkrieg brachte dann den absoluten Höhepunkt im Verkehrsaufkommen. Bald fuhren die Personenzüge der BGE bis Krümmel teilweise durch. Die Überwege Sand-, Hafen-, Siel- und Fährstraße erhielten Schranken. Der bisherige Haltepunkt Fährstraße wurde Bahnhof und erhielt ein Stellwerk.

Ab November 1941 übernahm die Reichsbahn die Durchführung des durchgehenden Werkverkehrs von Hamburg Hbf. bzw. Berliner Tor bis Düneberg, Geesthacht, Düneberg-Birke (eigener Bahnhof der Düneberger-Pulverfabrik) und Krümmel. Dagegen betrieb die BGE den Güterverkehr auf der Krümmelbahn bis Westerheese.
Der enorme Aufschwung war dann mit Kriegsende vorbei. Damit kam das Ende der Krümmelbahn. Nach Kriegsende wurde zwar noch ein geringfügiger Personenverkehr bis Krümmel durchgeführt, doch bald darauf wurde das Gleis abgebaut.
Erst 1953 erfolgte, im Hinblick auf den durch die im Krümmeler Industriegebiet angesiedelten neuen Firmen zu erwartenden Güterverkehr, der Wiederaufbau des Gleises durch die BGE und die Stadt Geesthacht. Hauptkunden im Güterverkehr sind heute die Wilhelmsburger Maschinenfabrik und das Kernkraftwerk.

*Enorm war die Gleisanlage
im Bereich der Krümmeler-Pulverfabriken
im Zweiten Weltkrieg.*

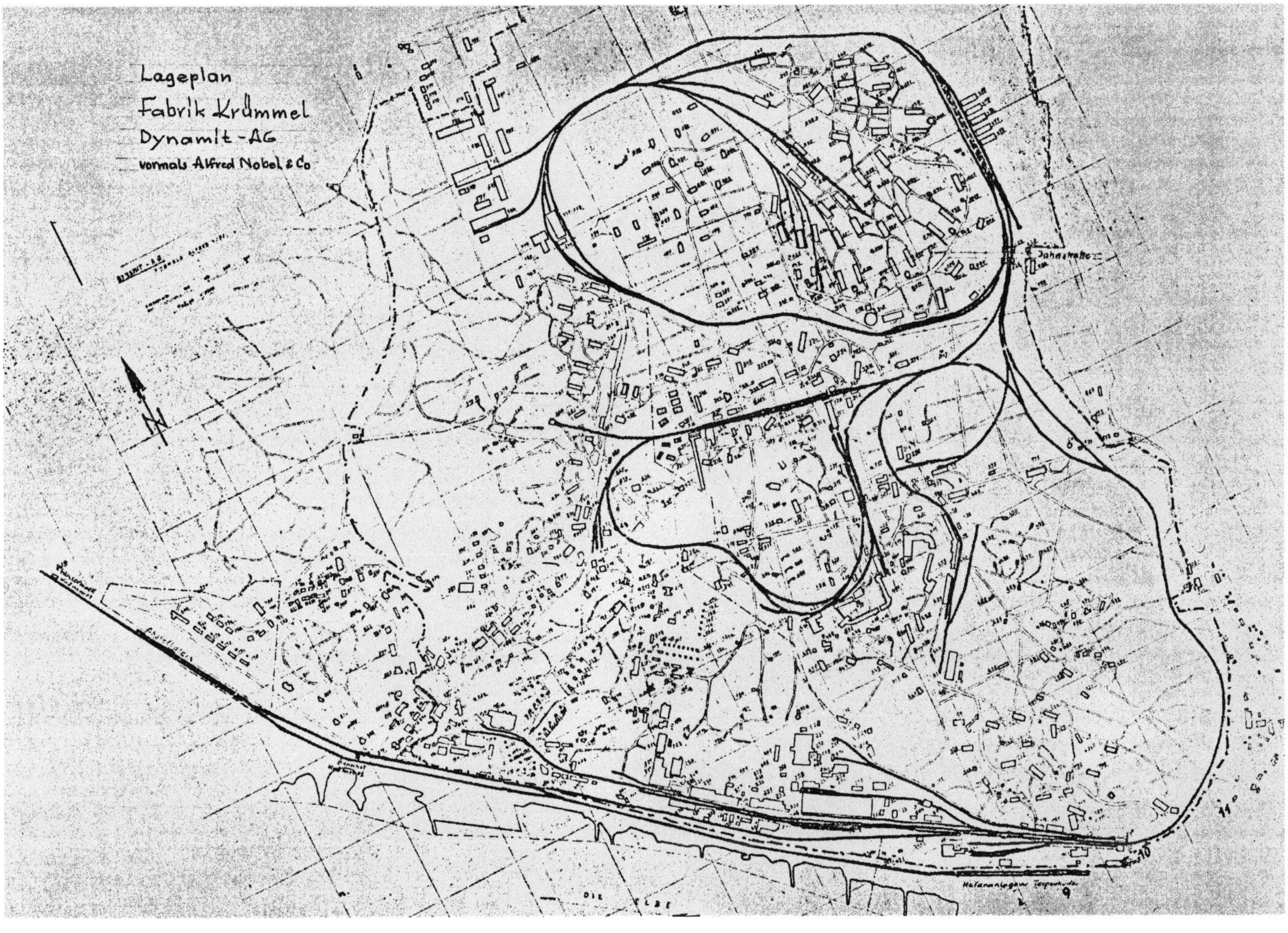

Der Busbetrieb der BGE

Bis zum Jahre 1926 wurde im Bereich der Bergedorf-Geesthachter-Eisenbahn der öffentliche Personenverkehr und der Güterverkehr ausschließlich auf der Schiene betrieben. Die zunehmende Industrialisierung und die Ausdehnung der Wohngebiete ließ jedoch erkennen, daß eine Erweiterung des Verkehrsnetzes durch Busse als Zubringer für die Eisenbahn im Personenverkehr bzw. durch Lastkraftwagen im Güterverkehr erforderlich wurde.
Der damalige Betriebsleiter W. Schäfers, der 1912 von der Haderslebener Kreisbahn zur BGE gekommen war, legte 1926 den Grundstock für den Autobusbetrieb, den er später dann noch 25 Jahre leiten sollte.
Nach Verhandlungen mit den zuständigen Stadt- und Gemeindevertretungen wurde in diesem Jahr eine Kraftomnibuslinie Bergedorf-Geesthacht-Lauenburg und der Stadtverkehr in Bergedorf eingerichtet.
Bereits in den darauffolgenden Jahren war eine wesentliche Erweiterung des Liniennetzes erforderlich. Hierfür wurden ständig neue Busse benötigt.
1929 fuhren bereits 16 Busse auf 9 Linien. Sie verbanden die Orte Allermöhe, Altengamme, Besenhorst, Börnsen, Boberg, Borghorst, Curslack, Escheburg, Geesthacht, Hamburg, Hove, Kirchwärder, Neuengamme, Sande, Wentorf und Zollenspieker mit Bergedorf, wo am Staatsbahnhof eigens ein Omnibushalteplatz eingerichtet worden war.
Außerdem bestand eine Linie zwischen Geesthacht und Lauenburg und eine weitere von Hamburg Hbf nach Zollenspieker, sowie die bereits an anderer Stelle genannte Nachtverbindung nach Hamburg.
Mit beachtlichem Erfolg wurden 1930 erstmalig Busreisen veranstaltet, die sich bis in das Vogtland und bis an den Rhein erstreckten. Der Busbestand von nunmehr 19 Fahrzeugen wurde in einer eigenen Werkstatt am Bahnhof Bergedorf-Süd gewartet. 1934 wurden erstmals Anhänger eingesetzt. 1938 wurde der Linienbereich um die Orte Boizenburg und Wangelau (bei Lauenburg) erweitert.

Bedingt durch die unaufhaltsame Heranziehung der Busse zu militärischen Aktionen kam im Zweiten Weltkrieg der Betrieb nahezu zum Erliegen. Der Fahrzeugbestand schmolz auf 9 zusammen und ließ nur noch unregelmäßige Fahrten zu.
Bereits 1946 jedoch verfügte die Gesellschaft über 20 Busse und 6 Anhänger. Nach der Währungsreform wurden Busse in größerem Rahmen neu beschafft und das Liniennetz wiederum erweitert. 1950 bestanden 14 Buslinien mit einem Streckennetz von 184 km, das planmäßig von 32 Bussen mit (8 Anhängern) befahren wurde.
Nach Stillegung des schienengebundenen Personenverkehrs 1953 beherrschte der Bus nun den gesamten Bereich des öffentlichen Personenverkehrs. Mit einer Beförderungsleistung von 6,8 Millionen Personen und einem Fahrzeugbestand von 47 Fahrzeugen (+ 15 Anhängern) war Ende dieses Jahres der Höchststand erreicht.
Nachdem eine Personalunion zwischen der »Bergedorf-Geesthachter-Eisenbahn«, der »Eisenbahn-Gesellschaft Altona-Kaltenkirchen-Neumünster« und den »Städtischen Bahnanlagen Hamburg-Altona« bereits 1952 vollzogen wurde, traten am 1. September 1953 die »Verkehrsbetriebe des Kreises Stormarn« (die aus der Südstormarnschen Kreisbahn hervorgegangen waren) diesem Zusammenschluß bei.
Das Liniennetz wurde dadurch um die Strecken Glinde-Billstedt, Trittau—Lütjensee—Groß Hansdorf und Trittau—Grande—Friedrichsruh erweitert.
Heute betreiben die Verkehrsbetriebe-Hamburg-Holstein (VHH!) als Nachfolgegesellschaft der Bergedorf-Geesthachter-Eisenbahn mit 321 Bussen, die von Werkstätten und Betriebsstellen in Hamburg-Bergedorf, Glinde, Trittau, Ahrensburg, Lauenburg, Quickborn, Neumünster und Kiel gepflegt, gewartet, repariert und geleitet werden 64 Linien. Sie nehmen damit in Hamburg, weiten Teilen Schleswig-Holsteins und in Nord-Ost-Niedersachsen einen führenden Platz unter den Trägern des öffentlichen Personenverkehrs ein.

Streckenplan der Autobuslinien der Bergedorf–Geesthachter Eisenbahn AG aus dem BGE-Fahrplan 1951

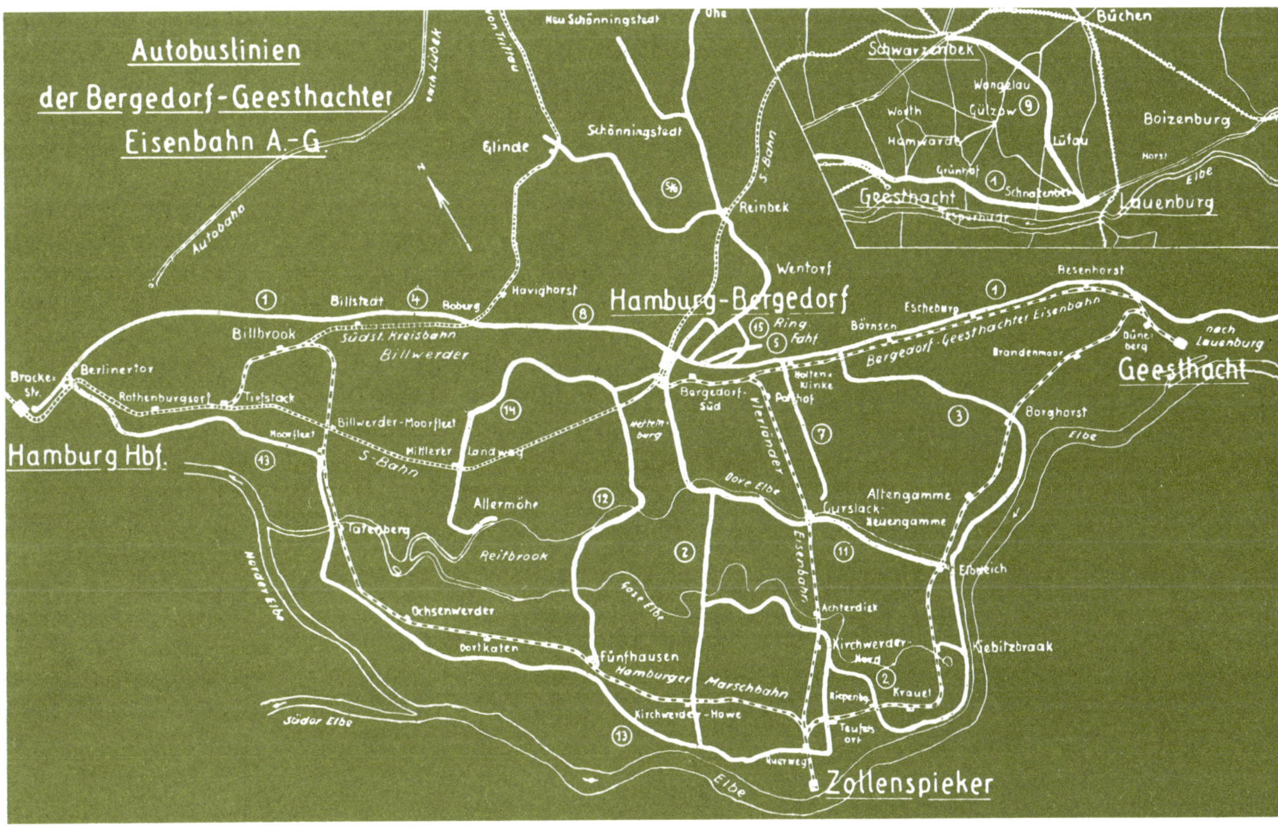

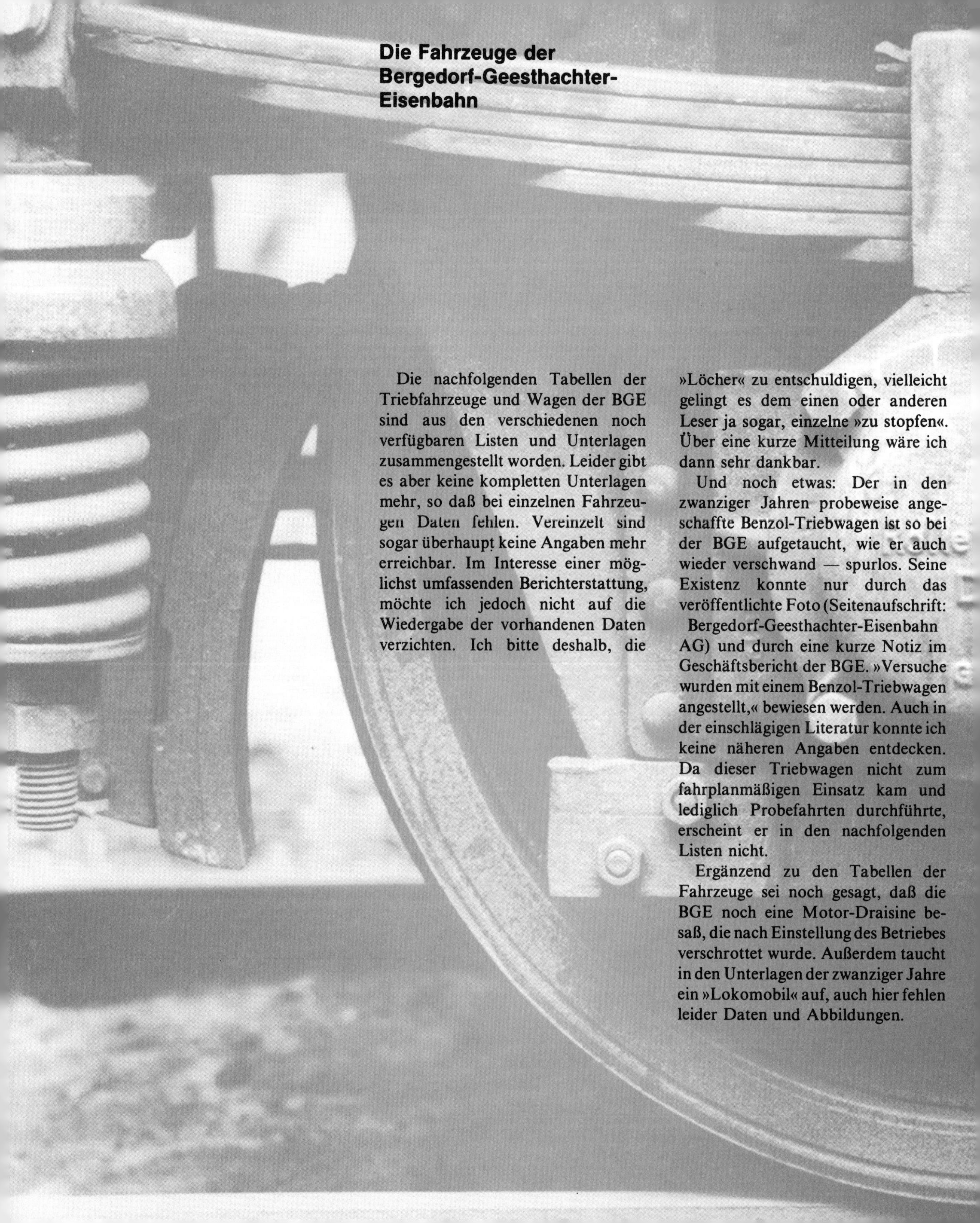

Die Fahrzeuge der Bergedorf-Geesthachter-Eisenbahn

Die nachfolgenden Tabellen der Triebfahrzeuge und Wagen der BGE sind aus den verschiedenen noch verfügbaren Listen und Unterlagen zusammengestellt worden. Leider gibt es aber keine kompletten Unterlagen mehr, so daß bei einzelnen Fahrzeugen Daten fehlen. Vereinzelt sind sogar überhaupt keine Angaben mehr erreichbar. Im Interesse einer möglichst umfassenden Berichterstattung, möchte ich jedoch nicht auf die Wiedergabe der vorhandenen Daten verzichten. Ich bitte deshalb, die »Löcher« zu entschuldigen, vielleicht gelingt es dem einen oder anderen Leser ja sogar, einzelne »zu stopfen«. Über eine kurze Mitteilung wäre ich dann sehr dankbar.

Und noch etwas: Der in den zwanziger Jahren probeweise angeschaffte Benzol-Triebwagen ist so bei der BGE aufgetaucht, wie er auch wieder verschwand — spurlos. Seine Existenz konnte nur durch das veröffentlichte Foto (Seitenaufschrift: Bergedorf-Geesthachter-Eisenbahn AG) und durch eine kurze Notiz im Geschäftsbericht der BGE. »Versuche wurden mit einem Benzol-Triebwagen angestellt,« bewiesen werden. Auch in der einschlägigen Literatur konnte ich keine näheren Angaben entdecken. Da dieser Triebwagen nicht zum fahrplanmäßigen Einsatz kam und lediglich Probefahrten durchführte, erscheint er in den nachfolgenden Listen nicht.

Ergänzend zu den Tabellen der Fahrzeuge sei noch gesagt, daß die BGE noch eine Motor-Draisine besaß, die nach Einstellung des Betriebes verschrottet wurde. Außerdem taucht in den Unterlagen der zwanziger Jahre ein »Lokomobil« auf, auch hier fehlen leider Daten und Abbildungen.

Die Personenwagen der Bergedorf-Geesthachter-Eisenbahn

In ihren normalen Betriebsjahren außerhalb der beiden Weltkriege konnte die BGE immer ein einheitliches Bild in ihrem Personenwagenpark aufweisen, wie aus den Bildern dieses Buches unschwer zu ersehen ist. Stets handelte es sich bei ihren Wagen um solche aus der Fabrikation der Görlitzer Waggonfabrik. Die Wagen Nr. 1 bis Nr. 47, die die BGE von 1906 bis 1917 anschaffte, hatten an beiden Enden offene Plattformen. Die Länge der Wagen schwankte zwischen 11,41 m und 12,17 m (L.ü.P.) Ab Nr. 30 hatten die Wagen 6 Fenster auf jeder Seite (vorher 5), Plätze waren jeweils rund 40 vorhanden. Das Gewicht lag bei 14 t.

Wie in der vorhergehenden Chronik der BGE bereits gesagt, beschaffte die BGE im Zweiten Weltkrieg wegen des stark angestiegenen Personenverkehrs zu den Pulverfabriken in Geesthacht und Krümmel 13 gebrauchte Personenwagen von der Reichsbahn, die die Nummern 70 bis 82 trugen. Es handelte sich hierbei um dreiachsige Abteilwagen, die zwischen 1895 und 1897 erbaut wurden und alle nur die 3. Klasse führten.

1935 und 1936 wurden außerdem noch je 2 Triebwagenanhänger erworben.

Nach Einstellung des Personenverkehrs auf ihren Strecken gingen 17 Wagen an die AKN, der Rest wurde anderweitig verkauft oder sofort verschrottet. Einige Wagen liefen noch auf anderen, z. T. süddeutschen Eisenbahnstrecken.

In jüngster Zeit konnten jedoch noch einige Personenwagen von Eisenbahnfreunden erworben werden und somit als Erinnerung an die BGE erhalten bleiben. Die Arbeitsgemeinschaft Geesthachter Eisenbahn e.V. besitzt zum Beispiel die Wagen Nr. 14 (Baujahr 1907) und Nr. 47 (Baujahr 1917), sowie den Tiebwagenanhänger B 1 (MAN Bj. 1936). Das Museum für Hamburgische Geschichte erwarb den Wagen Nr. 27 (Baujahr 1915). Alle vorgenannten 4 Wagen wurden oder werden aufgearbeitet und stehen gelegentlich für Sonderfahrten auf der alten Strecke der BGE zur Verfügung.

Auf den folgenden Seiten finden Sie die technischen Daten der Triebfahrzeuge der Bergedorf-Geesthachter-Eisenbahn. Leider konnten nicht alle Daten zusammengetragen werden, da hierzu die Unterlagen nicht mehr auffindbar waren. Die Listen erhalten daher jeweils nur die Daten, die noch aus verschiedenen Quellen zusammengetragen werden konnten.

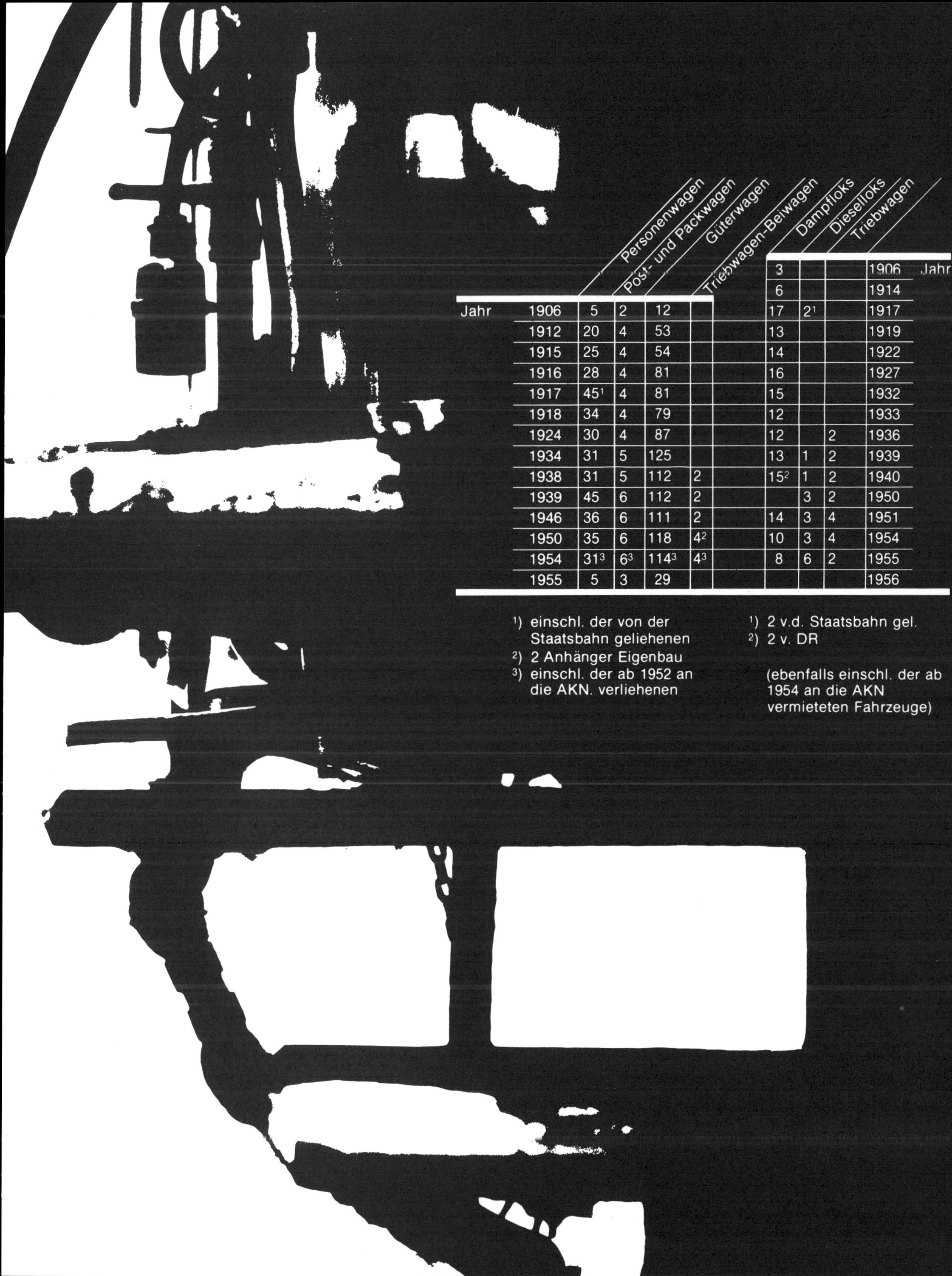

Jahr	Personenwagen	Post- und Packwagen	Güterwagen	Triebwagen-Beiwagen
1906	5	2	12	
1912	20	4	53	
1915	25	4	54	
1916	28	4	81	
1917	45[1]	4	81	
1918	34	4	79	
1924	30	4	87	
1934	31	5	125	
1938	31	5	112	2
1939	45	6	112	2
1946	36	6	111	2
1950	35	6	118	4[2]
1954	31[3]	6[3]	114[3]	4[3]
1955	5	3	29	

[1]) einschl. der von der Staatsbahn geliehenen
[2]) 2 Anhänger Eigenbau
[3]) einschl. der ab 1952 an die AKN. verliehenen

Dampfloks	Dieselloks	Triebwagen	Jahr
3			1906
6			1914
17	2[1]		1917
13			1919
14			1922
16			1927
15			1932
12			1933
12		2	1936
13	1	2	1939
15[2]	1	2	1940
	3	2	1950
14	3	4	1951
10	3	4	1954
8	6	2	1955
			1956

[1]) 2 v.d. Staatsbahn gel.
[2]) 2 v. DR

(ebenfalls einschl. der ab 1954 an die AKN vermieteten Fahrzeuge)

Lok-Nr.	Achsanordnung	Erbauer	Baunummer	Baujahr	Kesseldruck kg/cm²	Rostfläche qm	wasserberührte Heizfläche qm	Anz. d. Heizrohre	Ø d. Heizrohre mm	Länge d. Heizrohre mm	Material d. Feuerbüchse	Überhitzerfläche qm	Anz. d. Rauchrohre	Ø d. Rauchrohre mm	Länge d. Rauchr. mm	Kesselbauart	Ø d. Rohre i.d. Feuerbuchswand mm	Ø d. Rohre in d. Mitte mm	Ø d. Rohre i.d. Rauchkammerrohrwand mm	Rahmen…	R…	
1	Bn2t	Borsig	6060/06	1906	12	0,95	46,09															
2	Bn2t	Borsig	6061/06	1906	12	0,95	46,09															
3	Bn2t	Borsig	6062/06	1906	12	0,95	46,09															
4	Bn2t	Hanomag	6079/10	1910	12	0,95	45,90															
5	Bn2t	Hanomag	6301/11	1911	12	0,95	45,90															
6	Bn2t	Hanomag	11026/12	1912	12	0,95	46,06	112	44,5	2980	Cu											
7	Bn2t	Henschel	12431/13	1913	12	0,93	47,68															
8	Bn2t	Henschel	14295/16	1916	12	0,94	46,06	112	44,5	2980	Cu					Kupf/geschw.	40	44,5/39,5	50	Blech	12	Hülsenp.
9	Bn2t	Henschel	14296/16	1916	12	0,94	46,06	112	44,5	2980	Cu					Kupf/geschw.	40	44,5/39,5	50	Blech	12	Hülsenp.
10	Bn2t	Henschel	15084/17	1917	12	0,94	46,06	112	44,5	2980	Cu					Kupf/geschw.	40	44,5/39,5	50	Blech	12	Hülsenp.
11	Bn2t	Henschel	15085/17	1917	12	0,94	46,06	112	44,5	2980	Cu					Kupf/geschw.	40	44,5/39,5	50	Blech	12	Hülsenp.
12	Bn2t	Henschel	15086/17	1917	12	0,94	46,06	112	44,5	2980	Stahl					Kupf/geschw.	40	44,5/39,5	50	Blech	12	Hülsenp.
13	Bn2t	Henschel	15087/17	1917	12	0,94	46,06	112	44,5	2980	Cu					Kupf/geschw.	40	44,5/39,5	50	Blech	12	Hülsenp.
14	Bn2t	Henschel	15088/17	1917	12	0,94	46,06	112	44,5	2980	Cu					Kupf/geschw.	40	44,5/39,5	50	Blech	12	Hülsenp.
15	Bn2t	Henschel	1057/79	1879	12		46,60															
16	Bn2t	Union	6177/99	1899	12	0,75	40,80															
17	1Bn2t	Henschel	3736/92	1892	12	1,50	87,75															
18	1Bn2t	Henschel	5711/01	1901	12																	
19	Bn2t	Borsig	6176/07	1907	12	0,95	46,09	112	44,5	2980	Cu											
20	Cn2t	Jung	3363/25	1925																		
21	Cn2t	Jung	3736/25	1925																		
21 II	Cn2t	O & K	6667/13	1913	12	1,50	73,43	162	44,5	3320	Cu											
22	1B1n2t	Henschel	4769/98	1898	12	1,57	97,34															
23	B1h2t	Henschel	23280/36	1936	16	1,25	48,52	67	44,5	2880	Cu	19,2	18	133	2880							
24	B1h2t	Henschel	23693/37	1937	16	1,25	48,52	67	44,5	2880	Cu	19,2	18	133	2880							
25	B1h2t	Henschel	25050/40	1940	16	1,25	48,52	67	44,5	2880	Cu	19,2	18	133	2800							
26	B1h2t	Henschel	25051/40	1940	16	1,25	48,52	67	44,5	2880	Cu	19,2	18	133	2800							
27	Cn2t	Henschel	7937/07	1907	12	1,20	54,07	113	44,5	3480	Cu											

Bemerkungen:

Lok-Nr. 1 + 1933

Lok-Nr. 2 + 1936

Lok-Nr. 3 1922 verk. an W. Hayen

Lok-Nr. 4 + 1927

Lok-Nr. 5 1919 verk.

Lok-Nr. 6 + 1951

Lok-Nr. 7 1915 gek. 1938 verk. Hochofen Lübeck

Lok-Nr. 8 1952 verk. an Lokf. Hattingen

Lok-Nr. 9 + 1955

Lok-Nr. 10 1951 verk. an Peiner Walzwerk.

Lok-Nr. 11 1948 verk. an Klöckner & Co.

Lok-Nr. 12 + 1951

Lok-Nr. 13 + 1955

Lok-Nr. 14 1953 verk. an Lokf. Hattingen

Lok-Nr. 15 1916 gek. von Prasse 1918 verk. an Prasse

Lok-Nr. 16 1916 gek. von Hohenz. LE. 1919 verk. an Prasse

Lok-Nr. 17 1917 gek. von KPEV Altona (schon vorher Leihlok Nr. 6422 (T4)) 1919 verk. an Stadt Lüneburg

Lok-Nr. 18 1922 gek. von Stromeier ex Bln 6631 (T5[1]) 1932 verk. an Eckhardt & Co.

Lok-Nr. 19 1919 gek. von Billwerd. Industrieb. + 1951

Lok-Nr. 20 1933 verk. Brschw. Hafenb.

Lok-Nr. 21 1933 verk. Brschw. Hafenb.

Lok-Nr. 21 II 1939 gek. von AKN + 1955

Lok-Nr. 22 1928 gek. + 1946

Lok-Nr. 23 + 1955

Lok-Nr. 24 + 1955

Lok-Nr. 25 1955 verk. an Metallhütte Lübeck

Lok-Nr. 26 + 1955

Lok-Nr. 27 + 1955

	…enkel mm	…gerausgusses	Ø d. Achsschenkel mm	Bauart Drehgestell	Zylinder Ø mm	Kolbenhub mm	Steuerung	Treib + Kuppelrad Ø mm	Laufrad hinten Ø mm	Achsstand fest mm	Achsstand ges. mm	Leergew. t	Reib.gew. t	Ges.Gew. t	Vorrat Wasser cbm	Vorrat Kohle t	Bremsart	Eink.Bremse	Zusatzbremse	Luftpumpe	Bauart der Bremsklötze	Frischdampfinjektor	Beleuchtung	LüP m	PS	Lok-Nr.
					300	500	Allan	1100		2200	2200				3,0	0,67								7,466		1
					300	500	Allan	1100		2200	2200				3,0	0,67								7,466		2
					300	500	Allan	1100		2200	2200				3,0	0,67								7,466		3
					300	540	Allan	1100		2300	2300				3,5	1,00								7,450	125	4
					300	540	Allan	1100		2300	2300				3,5	1,00								7,450	125	5
					300	500	Allan	1100		2200	2200	20,85	20,85	24,00	3,0	0,67	Druckl.+H.	ja	nein	einst.	zweit.	ja	el.	7,466		6
					322	500	Heusinger	950		2200	2200				3,2	1,00										7
	190	W.M.10	150		320	500	Heusinger	1100		2200	2200	20,70	20,70	25,50	3,7	0,67	Druckl.+H.	ja	nein	einst.	eint.	ja	el.	7,496		8
	190	W.M.10	150		320	500	Heusinger	1100		2200	2200	20,65	20,65	25,50	3,7	0,67	Druckl.+H.	ja	nein	einst.	zweit.	ja	el.	7,496		9
	190	W.M.10	150		320	500	Heusinger	1100		2200	2200	20,80	20,80	25,50	3,7	0,67	Druckl.+H.	ja	nein	einst.	eint.	ja	el.	7,496		10
	190	W.M.10	150		320	500	Heusinger	1100		2200	2200	21,35	21,35	25,50	3,0	0,67	Druckl.+H.	ja	nein	einst.	zweit.	ja	el.	7,496		11
	190	W.M.10	150		320	500	Heusinger	1100		2200	2200	20,65	20,65	25,50	3,7	0,67	Druckl.+H.	ja	nein	einst.	zweit.	ja	el.	7,496		12
	190	W.M.10	150		320	500	Heusinger	1100		2200	2200	20,65	20,65	25,50	3,7	0,67	Druckl.+H.	ja	nein	einst.	zweit.	ja	el.	7,496		13
	190	W.M.10	150		320	500	Heusinger	1100		2200	2200	21,30	21,30	25,50	3,3	0,67	Druckl.+H.	ja	nein	einst.	zweit.	ja	el.	7,496		14
					295		Heusinger	1056		2100	2100															15
					280	500	Allan	1080		2500	2500			25,00												16
					420	600	Allan	1600		2400	4200				5,0	1,60								9,840		17
					430	600	Heusinger	1600		2200	6800				5,5	1,60								11,685		18
					300	500	Allan	1100		2200	2200	18	18	24	3,0	0,67	Druckl.+H.	ja	nein	einst.	zweit.	ja	el.			19
																										20
																										21
					400	500	Heusinger	1100		3400	3400	28	36,5	36,5	5,3	1,2	Druckl.+H.	ja	ja	zweist.	eint.	ja	el.	8,871		21II
					430	600	Heusinger	1600		2000	6800				5,5	1,6								11,550		22
				Bissel	350	550	Heusinger	1200	900	2200	4200	33	32	43,76	5,0	2,5	Druckl.+H.	ja	ja	zweist.	zweit.	ja	el.	9,530		23
				Bissel	350	550	Heusinger	1200	900	2200	4200	33	32	43,76	5	2,5	Druckl.+H.	ja	ja	zweist.	zweit.	ja	el.	9,530		24
				Bissel	350	550	Heusinger	1200	900	2200	4200	33	32	43,76	5	2,5	Druckl.+H.	ja	ja	zweist.	zweit.	ja	el.	9,530		25
				Bissel	350	550	Heusinger	1200	900	2200	4200	33	32	43,76	5	2,5	Druckl.+H.	ja	ja	zweist.	zweit.	ja	el.	9,530		26
					350	500	Heusinger	1100		2700	2700	24	30	30	4	1,2	Druckl.+H.	ja	ja	zweist.	zweit.	ja	el.			27

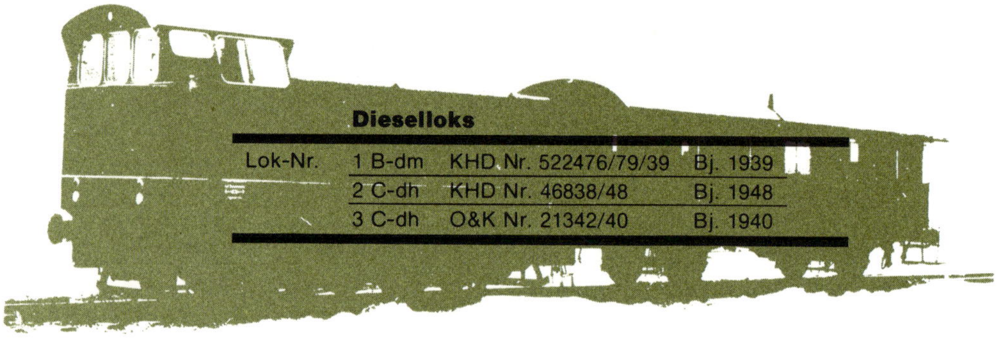

Dieselloks

Lok-Nr.	1 B-dm	KHD Nr. 522476/79/39	Bj. 1939
	2 C-dh	KHD Nr. 46838/48	Bj. 1948
	3 C-dh	O&K Nr. 21342/40	Bj. 1940

Triebwagen

Lok-Nr.	1 MAN	Bj. 1935 VT[4]	alle Triebwagen wurden von der AKN übernommen
	2 MAN	Bj. 1935 VT[4]	
	3 ME	Bj. 1951 VT[4]	
	4 ME	Bj. 1951 VT[4]	

Die Brücken der BGE

(Stand 1928) (Spätere Veränderungen nur durch den Rückbau auf eingleisig bzw. Wiederaufbau zweigleisig)

Eisenbahnbrücken mit eis. Überbauten			
Bauwerk:	Bezeichnung:	erbaut:	belegen im Staatsgebiet:
1 a	Schleusengrabenbrücke Bergedorf	1906/7	Hamburg
1 b	Schleusengrabenbrücke Bergedorf	1917	Hamburg
2 a	Brookwetterbrücke	1906	Hamburg
2 b	Brookwetterbrücke	1917	Hamburg
3 a	Dollbach-Durchlaß in Börnsen	1906	Preußen
3 b	desgl.	1917	Preußen
4	Dove-Elbe-Brücke in Curslack/Neuengamme	1910	Hamburg
5	Gose-Elbe-Brücke in Neuengamme/preuß. Kirchw.	1910	Hbg. u. Preuß.
6	Straßenunterführung am Bahnhof Tiefstack	1906	Hamburg
7	Tiefstack-Kanalbrücke	1906	Hamburg
8	Billbrook-Kanalbrücke	1924	Hamburg
9	Brücke ü. d. Billdeich u. d. Bille	1906	Hbg. u. Preuß.
10	Brücke ü. d. Reichsbahn Billw.-Moorfl.	1923	Hamburg
11	Andreas-Meyer-Str. Unterf. in Moorfl.	1926	Hamburg
12	Dove-Elbe-Brücke in Moorfl.-Tatenberg	1924	Hamburg
13	Gose-Elbe-Brücke in Neuengamme	1920	Hamburg
14	Bewässerungsgraben-Durchlaß in Neueng.	1926	Hamburg

Eisenbahnbrücken aus Stein, Beton, Eisenbeton

Bauwerk:	Bezeichnung:	erbaut:	belegen im Staatsgebiet:
200	Fußwegunterführung am Grundwasserwerk Tiefst.	1922	Hamburg
201	Karrenwegunterführung am Bf. Tatenberg	1924	Hamburg
202	Brücke ü. d. Binnenrehden	1923	Hamburg
203	Brücke in Borghorst	1919	Hamburg

Straßenbrücken mit eis. Überbau

100	Straßenbrücke über die Dove-Elbe in Cursl.-Neueng.	1910	Hamburg

Daten zur Bergedorfer und Geesthachter Eisenbahngeschichte

27. 9. 1825 Erste öffentliche Dampfeisenbahn der Erde nach Darlington (England) eröffnet

1832 Friedrich List wohnt in Hamburg und wirbt vergeblich für eine Eisenbahnverbindung von Hamburg nach Berlin

7. 12. 1835 Erste deutsche Eisenbahn zwischen Nürnberg und Fürth eröffnet

3. 11. 1838 Erstes preußisches Eisenbahngesetz verkündet

13. 1. 1839 Statut der Hamburg—Bergedorfer Eisenbahn-Gesellschaft veröffentlicht

15. 5. 1840 Lübeck und Hamburg erteilen die Konzession zum Bau der Eisenbahnverbindung von Hamburg nach Bergedorf

8. 11. 1841 Preußen, Mecklenburg, Dänemark, Hamburg und Lübeck verständigen sich über den Bau einer Eisenbahnlinie zwischen Hamburg und Berlin

17. 5. 1842 Offizielle Eröffnung der Hamburg—Bergedorfer-Eisenbahn (wegen des großen Brandes in Hamburg am 7. 5. 1842 wurde der Termin verschoben). Endbahnhof in Bergedorf am Neuen Weg gelegen (in der Nähe des späteren Bahnhofes Bergedorf-Süd der Bergedorf—Geesthachter-Eisenbahn)

19. 1. 1843 Carl Otto Gleim geboren (Gleim wurde später der Erbauer der Eisenbahn von Bergedorf nach Geesthacht und deren erster Direktor)

28. 7. 1843 Gründung der Berlin—Hamburger Eisenbahn-Gesellschaft

21. 6. 1844 »Lauenburger Privileg« (kostenlose Beförderung Lauenburg—Büchen) zugesichert

15. 12. 1846 Durchgehende Verbindung zwischen Berlin und Hamburg (der erste Zug benötigt 9 1/2 Stunden)

1. 7. 1852 Die ersten Nachtzüge verkehren zwischen Berlin und Hamburg

1868 Fahrplanmäßiger Courierzug zwischen Hamburg und Berlin fährt 6 Stunden und 14 Minuten

4. 1. 1875 Einheitliche Signalordnung für die Eisenbahnen Deutschlands. Das Arm- oder Flügelsignal wird als Hauptsignal bestimmt

1881 Fahrplanmäßiger Expreßzug fährt zwischen Hamburg und Berlin nur 5 Stunden und 1 Minute

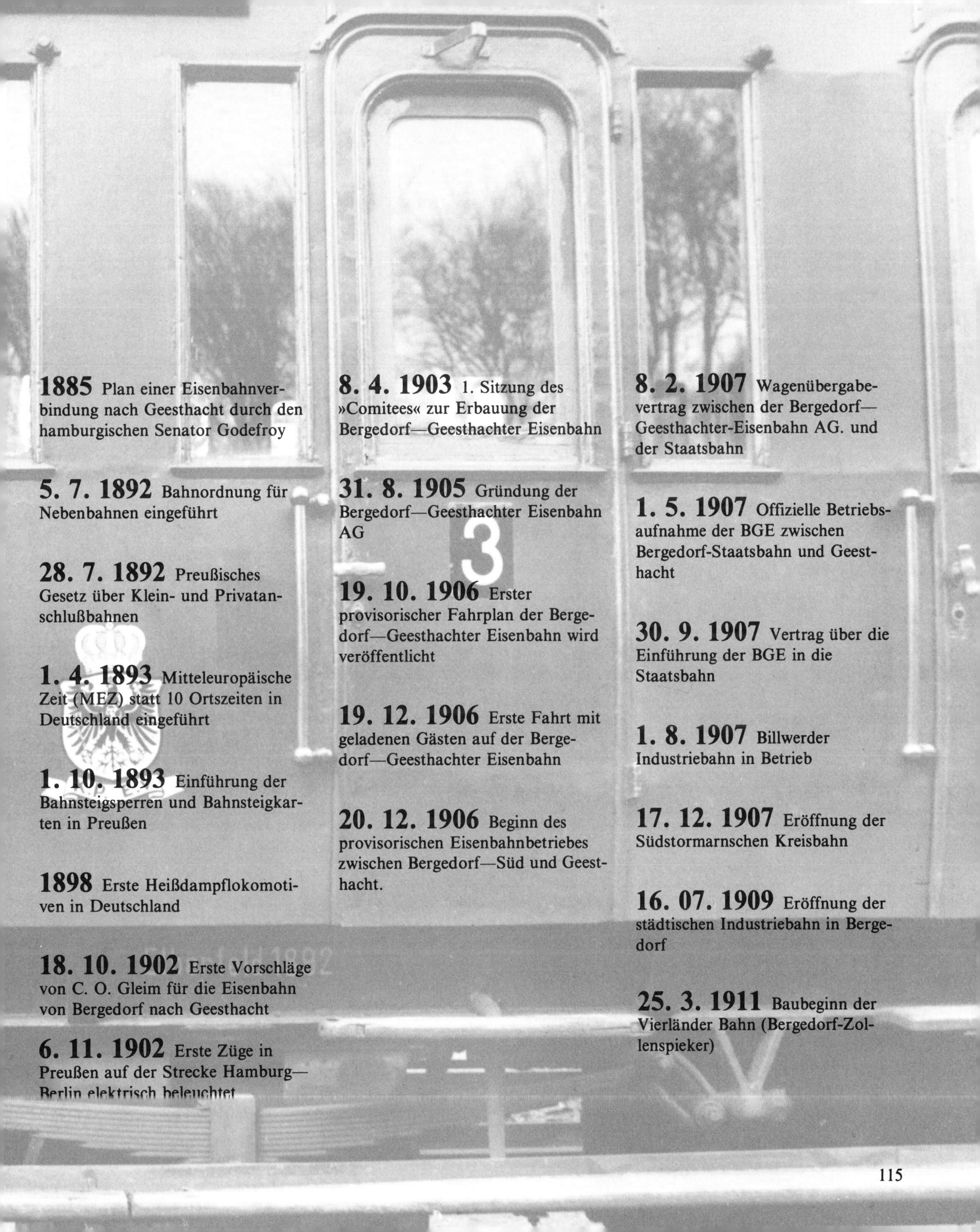

1885 Plan einer Eisenbahnverbindung nach Geesthacht durch den hamburgischen Senator Godefroy

5. 7. 1892 Bahnordnung für Nebenbahnen eingeführt

28. 7. 1892 Preußisches Gesetz über Klein- und Privatanschlußbahnen

1. 4. 1893 Mitteleuropäische Zeit (MEZ) statt 10 Ortszeiten in Deutschland eingeführt

1. 10. 1893 Einführung der Bahnsteigsperren und Bahnsteigkarten in Preußen

1898 Erste Heißdampflokomotiven in Deutschland

18. 10. 1902 Erste Vorschläge von C. O. Gleim für die Eisenbahn von Bergedorf nach Geesthacht

6. 11. 1902 Erste Züge in Preußen auf der Strecke Hamburg—Berlin elektrisch beleuchtet

8. 4. 1903 1. Sitzung des »Comitees« zur Erbauung der Bergedorf—Geesthachter Eisenbahn

31. 8. 1905 Gründung der Bergedorf—Geesthachter Eisenbahn AG

19. 10. 1906 Erster provisorischer Fahrplan der Bergedorf—Geesthachter Eisenbahn wird veröffentlicht

19. 12. 1906 Erste Fahrt mit geladenen Gästen auf der Bergedorf—Geesthachter Eisenbahn

20. 12. 1906 Beginn des provisorischen Eisenbahnbetriebes zwischen Bergedorf—Süd und Geesthacht.

8. 2. 1907 Wagenübergabevertrag zwischen der Bergedorf—Geesthachter-Eisenbahn AG. und der Staatsbahn

1. 5. 1907 Offizielle Betriebsaufnahme der BGE zwischen Bergedorf-Staatsbahn und Geesthacht

30. 9. 1907 Vertrag über die Einführung der BGE in die Staatsbahn

1. 8. 1907 Billwerder Industriebahn in Betrieb

17. 12. 1907 Eröffnung der Südstormarnschen Kreisbahn

16. 07. 1909 Eröffnung der städtischen Industriebahn in Bergedorf

25. 3. 1911 Baubeginn der Vierländer Bahn (Bergedorf-Zollenspieker)

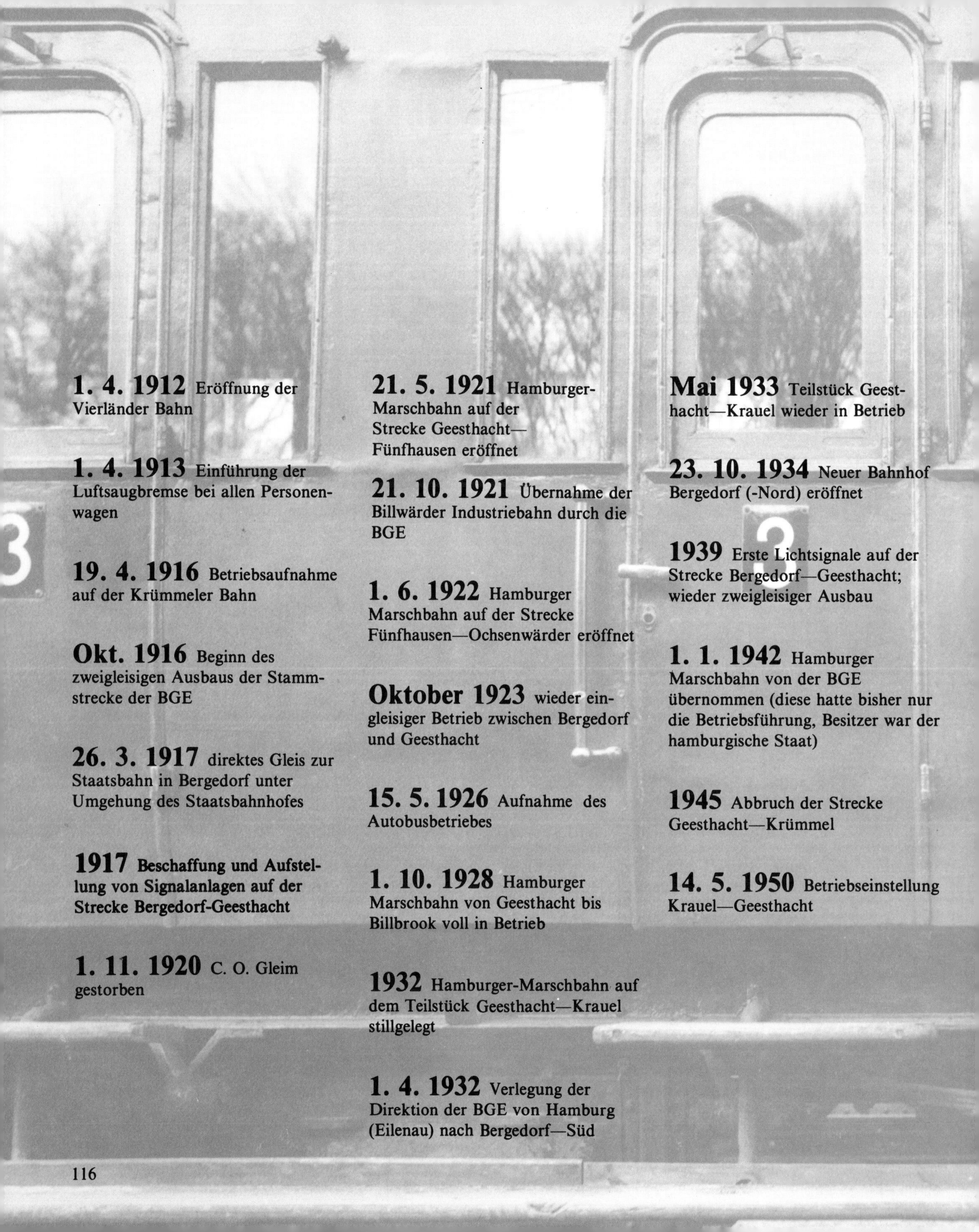

1. 4. 1912 Eröffnung der Vierländer Bahn

1. 4. 1913 Einführung der Luftsaugbremse bei allen Personenwagen

19. 4. 1916 Betriebsaufnahme auf der Krümmeler Bahn

Okt. 1916 Beginn des zweigleisigen Ausbaus der Stammstrecke der BGE

26. 3. 1917 direktes Gleis zur Staatsbahn in Bergedorf unter Umgehung des Staatsbahnhofes

1917 **Beschaffung und Aufstellung von Signalanlagen auf der Strecke Bergedorf-Geesthacht**

1. 11. 1920 C. O. Gleim gestorben

21. 5. 1921 Hamburger-Marschbahn auf der Strecke Geesthacht—Fünfhausen eröffnet

21. 10. 1921 Übernahme der Billwärder Industriebahn durch die BGE

1. 6. 1922 Hamburger Marschbahn auf der Strecke Fünfhausen—Ochsenwärder eröffnet

Oktober 1923 wieder eingleisiger Betrieb zwischen Bergedorf und Geesthacht

15. 5. 1926 Aufnahme des Autobusbetriebes

1. 10. 1928 Hamburger Marschbahn von Geesthacht bis Billbrook voll in Betrieb

1932 Hamburger-Marschbahn auf dem Teilstück Geesthacht—Krauel stillgelegt

1. 4. 1932 Verlegung der Direktion der BGE von Hamburg (Eilenau) nach Bergedorf—Süd

Mai 1933 Teilstück Geesthacht—Krauel wieder in Betrieb

23. 10. 1934 Neuer Bahnhof Bergedorf (-Nord) eröffnet

1939 Erste Lichtsignale auf der Strecke Bergedorf—Geesthacht; wieder zweigleisiger Ausbau

1. 1. 1942 Hamburger Marschbahn von der BGE übernommen (diese hatte bisher nur die Betriebsführung, Besitzer war der hamburgische Staat)

1945 Abbruch der Strecke Geesthacht—Krümmel

14. 5. 1950 Betriebseinstellung Krauel—Geesthacht

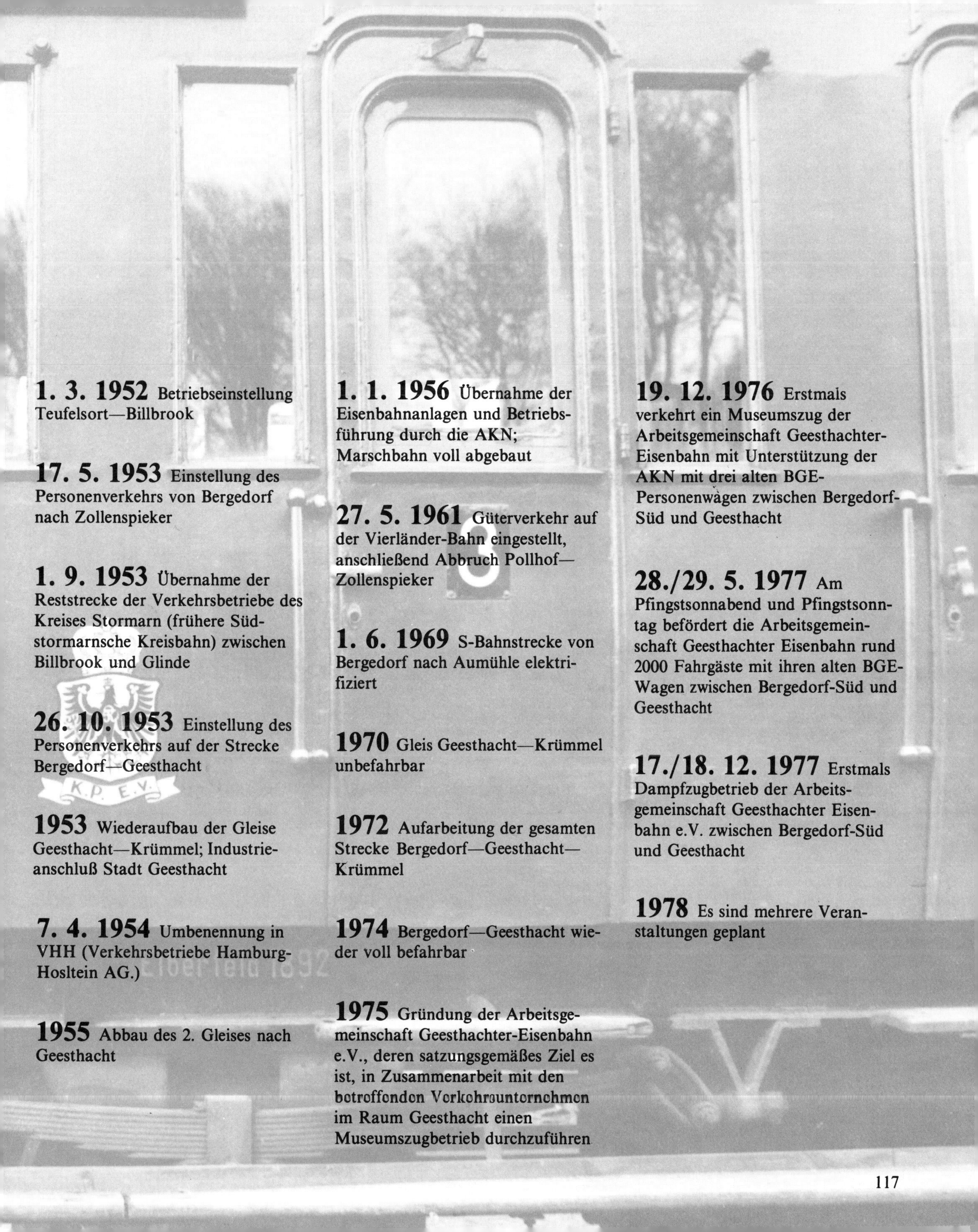

1. 3. 1952 Betriebseinstellung Teufelsort—Billbrook

17. 5. 1953 Einstellung des Personenverkehrs von Bergedorf nach Zollenspieker

1. 9. 1953 Übernahme der Reststrecke der Verkehrsbetriebe des Kreises Stormarn (frühere Südstormarnsche Kreisbahn) zwischen Billbrook und Glinde

26. 10. 1953 Einstellung des Personenverkehrs auf der Strecke Bergedorf—Geesthacht

1953 Wiederaufbau der Gleise Geesthacht—Krümmel; Industrieanschluß Stadt Geesthacht

7. 4. 1954 Umbenennung in VHH (Verkehrsbetriebe Hamburg-Hosltein AG.)

1955 Abbau des 2. Gleises nach Geesthacht

1. 1. 1956 Übernahme der Eisenbahnanlagen und Betriebsführung durch die AKN; Marschbahn voll abgebaut

27. 5. 1961 Güterverkehr auf der Vierländer-Bahn eingestellt, anschließend Abbruch Pollhof—Zollenspieker

1. 6. 1969 S-Bahnstrecke von Bergedorf nach Aumühle elektrifiziert

1970 Gleis Geesthacht—Krümmel unbefahrbar

1972 Aufarbeitung der gesamten Strecke Bergedorf—Geesthacht—Krümmel

1974 Bergedorf—Geesthacht wieder voll befahrbar

1975 Gründung der Arbeitsgemeinschaft Geesthachter-Eisenbahn e.V., deren satzungsgemäßes Ziel es ist, in Zusammenarbeit mit den betroffenden Verkehrsunternehmen im Raum Geesthacht einen Museumszugbetrieb durchzuführen

19. 12. 1976 Erstmals verkehrt ein Museumszug der Arbeitsgemeinschaft Geesthachter-Eisenbahn mit Unterstützung der AKN mit drei alten BGE-Personenwagen zwischen Bergedorf-Süd und Geesthacht

28./29. 5. 1977 Am Pfingstsonnabend und Pfingstsonntag befördert die Arbeitsgemeinschaft Geesthachter Eisenbahn rund 2000 Fahrgäste mit ihren alten BGE-Wagen zwischen Bergedorf-Süd und Geesthacht

17./18. 12. 1977 Erstmals Dampfzugbetrieb der Arbeitsgemeinschaft Geesthachter Eisenbahn e.V. zwischen Bergedorf-Süd und Geesthacht

1978 Es sind mehrere Veranstaltungen geplant

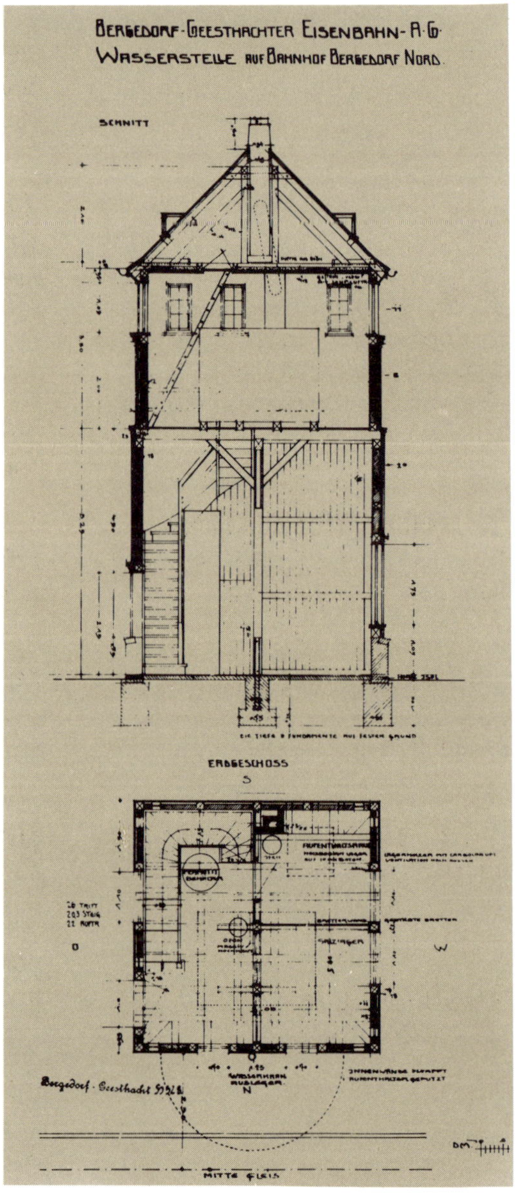

Bild oben links:
Lok Nr. 12 erbaut von Henschel 1917.

Bild oben rechts:
Lok Nr. 1 erbaut 1906 bei Borsig.

Bild Mitte links:
B-n2t Lok Nr. 7 der BGE

Bild rechts und rechte Seite oben links:
Der erste Wasserturm am Bahnhof Bergedorf-Staatsbahn.

Bild rechte Seite oben rechts:
Jubiläumszug der Arbeitsgemeinschaft Geesthachter Eisenbahn am 19. 12. 1976, 70 Jahre nach Eröffnung des provisorischen Betriebes der BGE, im Geesthachter Bahnhof; nach 23 Jahren erstmals wieder ein für die Öffentlichkeit zugänglicher Personenzug mit alten BGE-Wagen (und der Lok 10 der AKN, die noch von der VHH., als diese den Güterverkehr betrieb, erworben wurde).

Bild rechte Seite Mitte links: Erster Lageplan des Bahnhofes Bergedorf-Staatsbahn (die Bezeichnung Bergedorf-Nord kam erst später) der BGE 1970. Es waren ein Bahnsteiggleis und ein Umlaufgleis vorhanden. Südlich der Bahnsteige erbaute man dann ein Übergabegleis zur Staatsbahn.

Bild rechte Seite Mitte rechts: Lok Nr.13

Bild rechte Seite unten: Lok Nr. 19 im Bahnhof Altengamme.

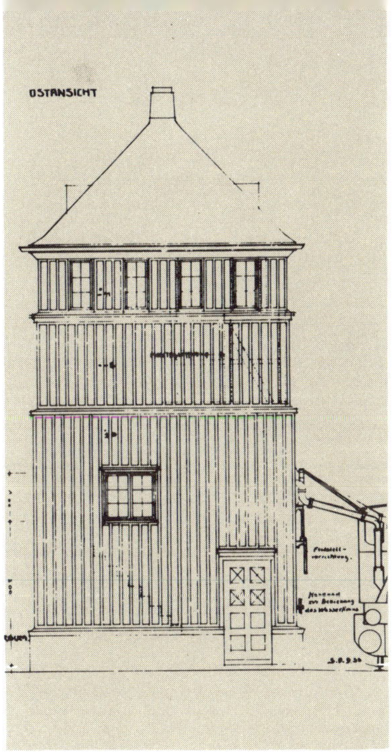
OSTANSICHT

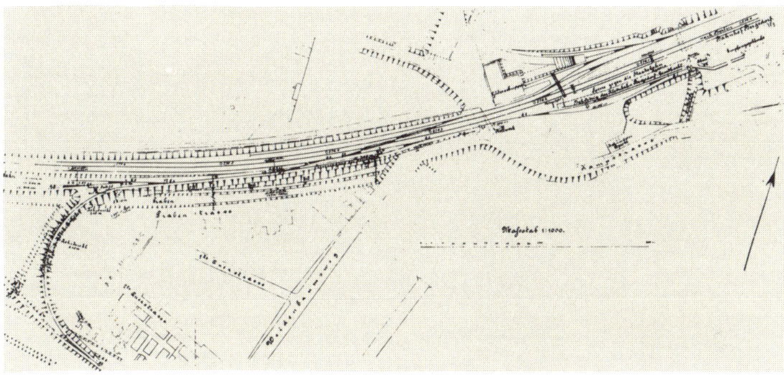

B.C.E.

B.C.E.

Bild oben: Lok Nr. 27 ex AKN 28 in Bergedorf-Süd

Bild Mitte links: Lok Nr. 22 im Bahnhof Bergedorf-Nord

Bild Mitte rechts: Lok Nr. 21 (Ctn2) (2. Besetzung) ex AKN Nr. 6, Orenstein & Koppel 6667/1913, 1955 im Bahnhof Billbrook

Bild unten: Triebwagenzug der BGE am 19. 3. 1936 am Bahnhof Zollenspieker mit VT 1 und B 1

Bild rechte Seite oben: Lok Nr. 18 (ex T 5, Berlin 6638)

Bild rechte Seite Mitte links: Lok Nr. 26

Bild rechte Seite Mitte rechts: Triebwagen Nr. 2 am 19. 3. 1936 im Bahnhof Billbrook

Bild rechte Seite unten rechts: Lok Nr. 23

Bild rechte Seite unten links: Lok Nr. 25 am 13. 5. 1950 am Bahnhof Bergedorf-Nord

B.G.E.
N°26

Bild oben:
X-Wagen Nr. 166

Bild unten:
Post-Packwagen Nr. 35

Bild rechte Seite oben:
Wagen Nr. 1, erbaut 1906 von der Waggonfabrik Görlitz

Bild rechte Seite Mitte links: G-Wagen (Nr. 54)

Bild rechte Seite Mitte rechts:
X-Wagen Nr. 165

Bild rechte Seite Mitte unten:
Bis in die 60er Jahre hinein waren noch einige Wagen der BGE bei der AKN. vorhanden. Dieses Bild entstand am 6. 9. 1962 im Bahnhof Kaltenkirchen der AKN und zeigt den früheren Pack- und Postwagen Nr. 36 der BGE (PwPosti), Baujahr 1939. Gew. d. W. 15,3 t, Tragf. 7,9 t, Ladegew. 7,5 t, Radstand 5,7 m, LüP 12,17 m

Bild rechte Seite unten:
G-Wagen Nr. 55

3
B.G.E.
1
2

165

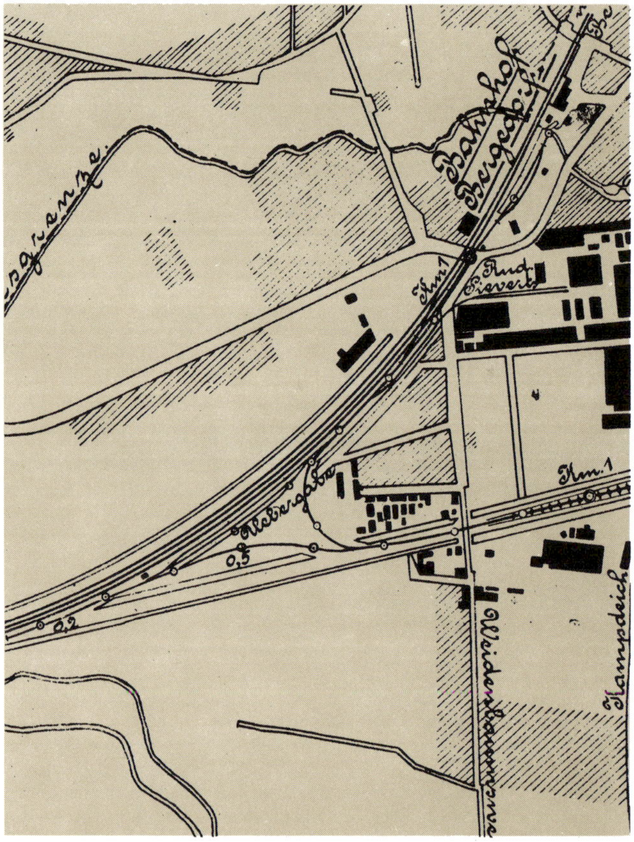
Bahnhof Bergedorf
Km. 1
Rud. Sieverts
Km. 1
0,5
0,2
Weidenbaumsweg
Kampdeich

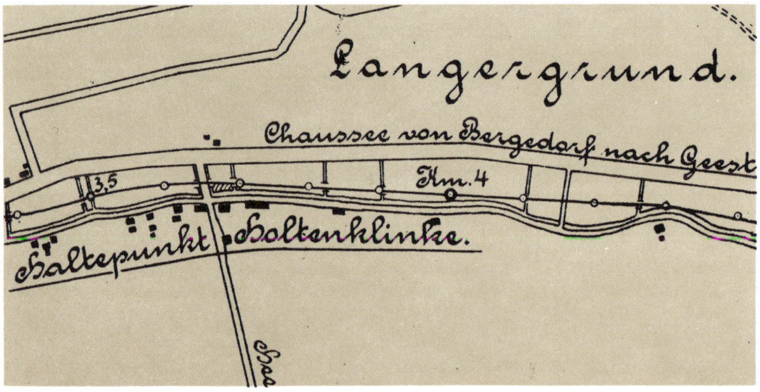
Langergrund.
Chaussee von Bergedorf nach Geest
3,5
Km. 4
Haltepunkt Holtenklinke.

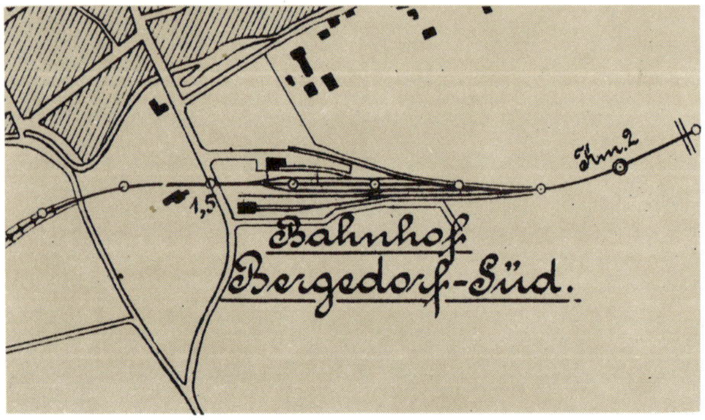
Km. 2
1,5
Bahnhof Bergedorf-Süd.

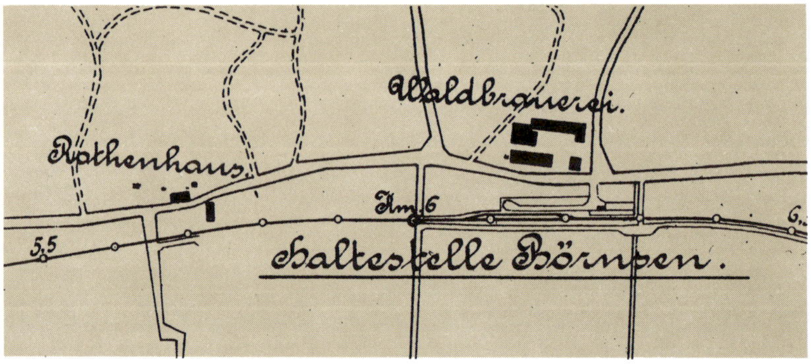
Waldbrauerei.
Rothenhaus
Km. 6
5,5
Haltestelle Börnsen.

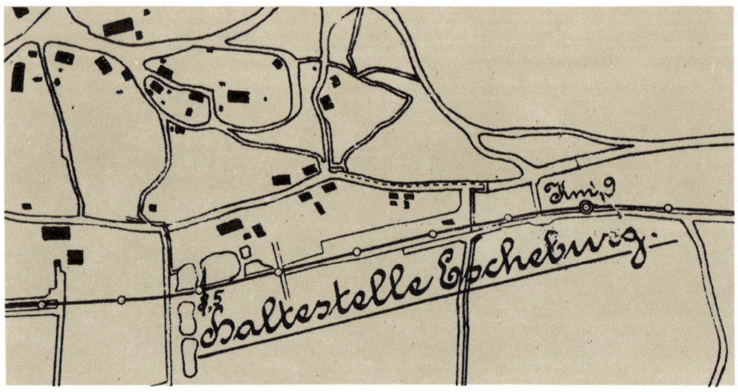
Km. 9
Haltestelle Escheburg.

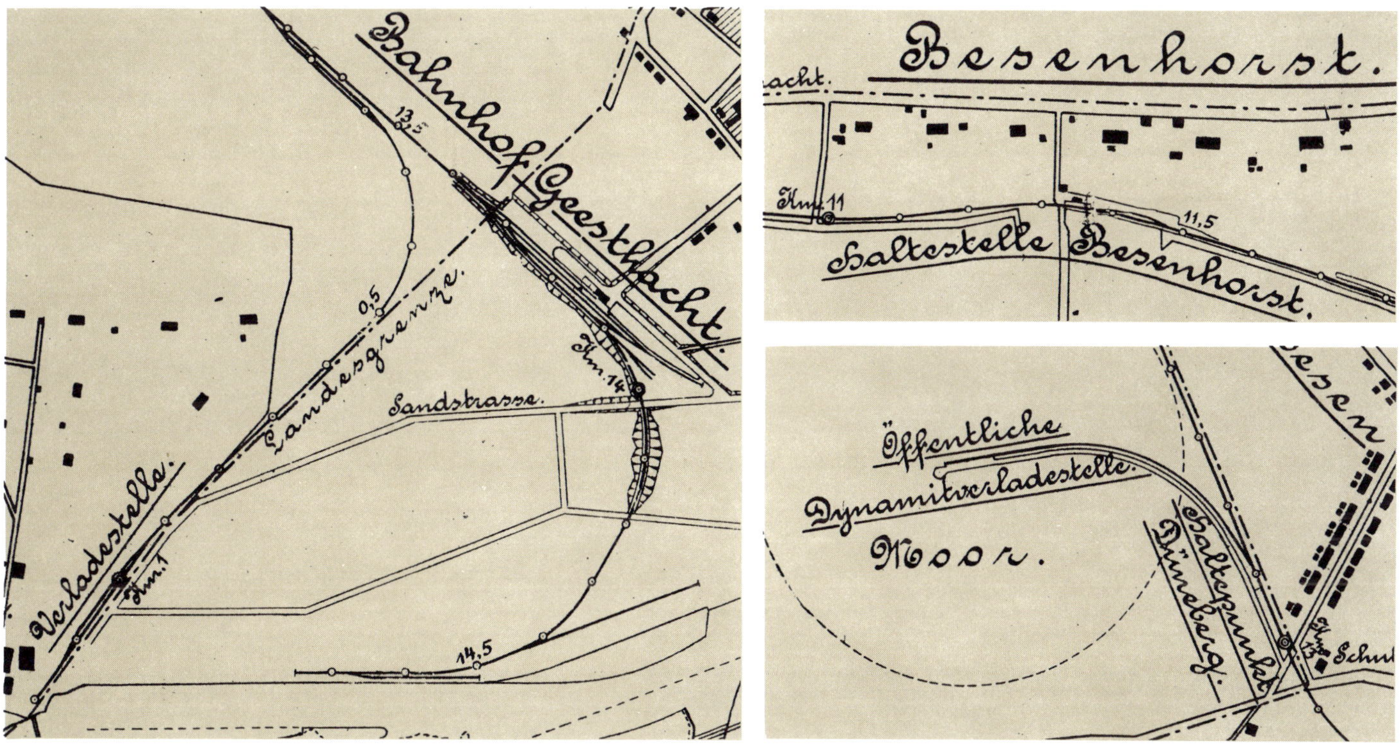

Die Bahnhofspläne zeigen die Bergedorf-Geesthachter Eisenbahn, wie sie 1906/07 erbaut wurde. Diese Abbildungen entstammen dem ersten Plan zur Bergedorf-Geesthachter Eisenbahn, wie er von der Direktion dieser Bahn auch der Senatskommission zur Genehmigung vorgelegt worden war.

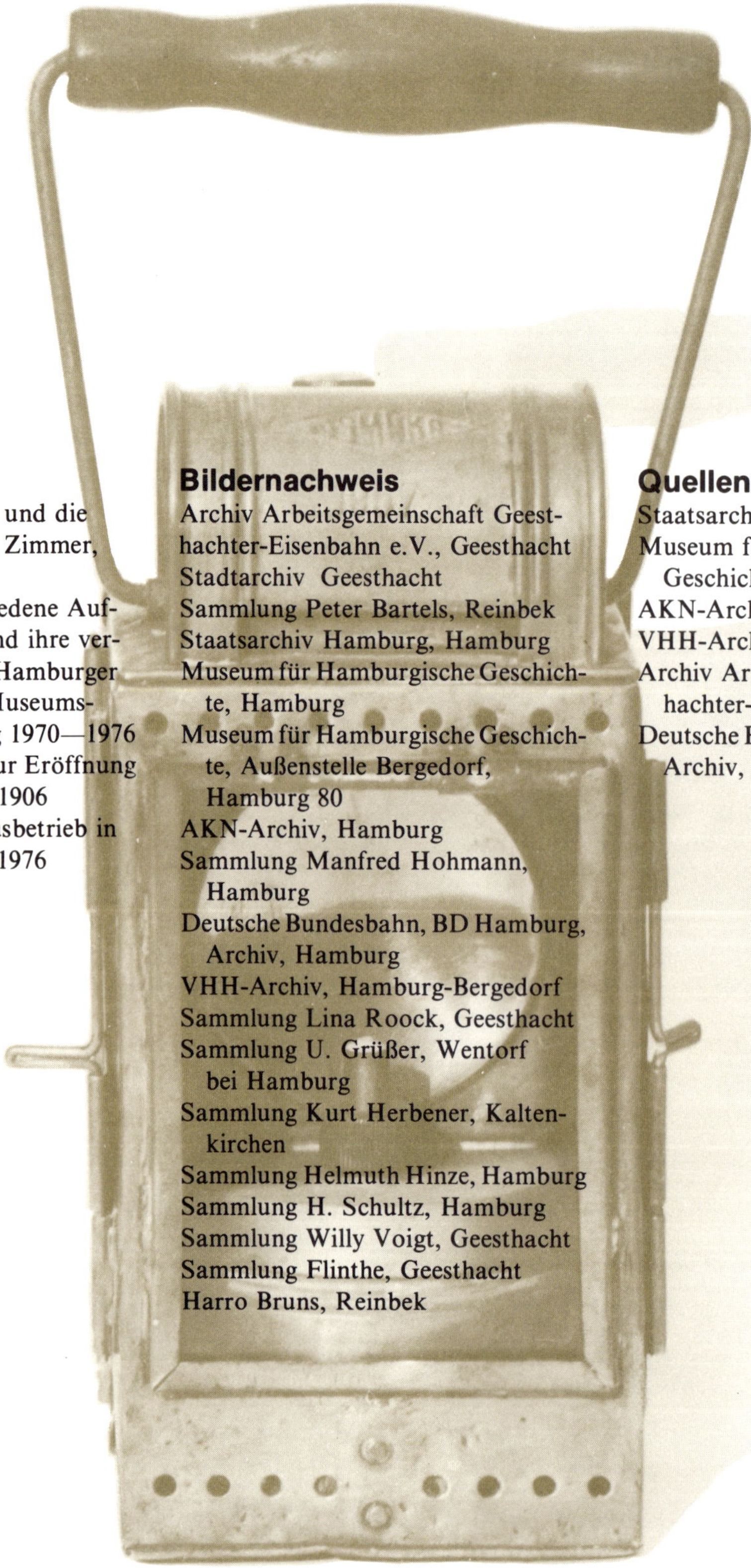

Literaturnachweis

Erich Staisch: Hamburg und die Eisenbahn, Verlag W. Zimmer, Eppstein/Ts. 1969

Helmuth Hinze: Verschiedene Aufsätze über die BGE und ihre verschiedenen Strecken. Hamburger Blätter, Hamburger Museumsverein e.V., Hamburg 1970—1976

W. Flügge: Festschrift zur Eröffnung der BGE, Geesthacht 1906

G. Wiegers: 50 Jahre Busbetrieb in Bergedorf, Bergedorf 1976

Bildernachweis

Archiv Arbeitsgemeinschaft Geesthachter-Eisenbahn e.V., Geesthacht
Stadtarchiv Geesthacht
Sammlung Peter Bartels, Reinbek
Staatsarchiv Hamburg, Hamburg
Museum für Hamburgische Geschichte, Hamburg
Museum für Hamburgische Geschichte, Außenstelle Bergedorf, Hamburg 80
AKN-Archiv, Hamburg
Sammlung Manfred Hohmann, Hamburg
Deutsche Bundesbahn, BD Hamburg, Archiv, Hamburg
VHH-Archiv, Hamburg-Bergedorf
Sammlung Lina Roock, Geesthacht
Sammlung U. Grüßer, Wentorf bei Hamburg
Sammlung Kurt Herbener, Kaltenkirchen
Sammlung Helmuth Hinze, Hamburg
Sammlung H. Schultz, Hamburg
Sammlung Willy Voigt, Geesthacht
Sammlung Flinthe, Geesthacht
Harro Bruns, Reinbek

Quellennachweis

Staatsarchiv Hamburg
Museum für Hamburgische Geschichte, Außenstelle Bergedorf
AKN-Archiv, Hamburg
VHH-Archiv, Hamburg-Bergedorf
Archiv Arbeitsgemeinschaft Geesthachter-Eisenbahn e.V., Geesthacht
Deutsche Bundesbahn, BD Hamburg, Archiv, Hamburg